シリーズ 現代の教職 4

新しい時代の
教育の方法

山下政俊・湯浅恭正 編著

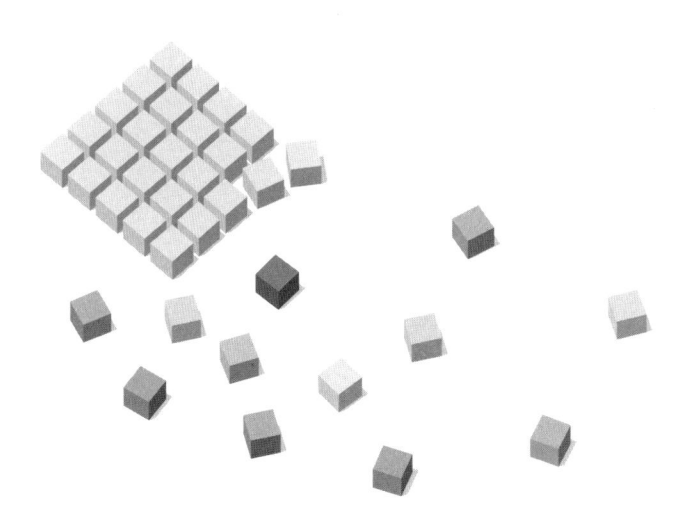

ミネルヴァ書房

まえがき

　2011年3月11日，14時46分，人類史上，これまでいかなる民族や国家の誰も経験したことのなかった，地震・津波・原発事故の三つが重なる悲惨な東日本大震災が起こった。

　過去から現在まで生きてきた証であった歴史や生活や自然のすべてを一瞬のうちに奪われ，将来の見通しや希望をもつことが困難な人びとの悲しみや苦しみは，想像を絶するものがある。肉親を失うなどこの上ない過酷な環境にあって，必死の思いで毎日を生き抜こうとしている被災者の姿は，遠くにあって見守るしかないわれわれに，日々この世の非情さと人の強さを教えてくれる。

　とりわけ，今回の大震災で一度に両親を失い，「震災遺児」となった子どもたちが，涙も流さず懸命に生きている姿を見ると，居ても立ってもいられなくなる。周囲に居る私たちには，子どもたちが希望を失うことなく独り立ちできるまで，忘れることなくしっかりと支援していく義務があるのではないか。

　映像を通して示される人びとの，利己を抑制して他者や集団とともに公共を追求する姿。その時々の事情や事態を洞察して，その必要に積極的に協力し協同する姿。弱者を気遣い，公正を重んじ，瓦礫に取り囲まれたなかでも規律と礼節のある生活を送る姿。それらは，なぜ，なにを，どのように教え，学ぶのか，その成果をどのように活かすのかについて，普遍的な価値や目標になることを教示してくれる。

　目を転じると，行き過ぎた構造改革をもたらした世界中で進む市場主義，個人主義，グローバリズムのなかで喘ぐ日本社会の姿が見えてくる。そこから振り落とされる弱者のことを考え，弱者の味方となり，彼らの幸せを社会の正義として実現するのが政治だとするならば，教育は，そうした社会にあって，そこで「学習弱者」として苦しむ子どものことを考え，彼らの味方となり，彼らの「最善の利益」をその正義として追求するものでなければならない。

　そのような教育の実現をめざすところが学校である。その学校から社会的正義を追求する姿勢や意欲が失われていることが懸念される。

その要因として考えられることを挙げると，
① 学校週5日制などの矢継ぎ早の教育改革の多さとその中身の揺れ。そのために学校と教師が一貫した方針をもてない上に，子どもとその教育に傾注できる時間も不足し，しかもその成果や手応えは感じられないこと
② 特別な支援を必要としている子どもをはじめ，全体的に成長や発達の諸課題に直面している子どもが広範になり，これまでの経験に基づく子どもと学級への指導が通じなくなっているケースが多くなってきていること
③ 教育改革と子どもに真摯に取り組む教師の多忙化と過労が顕著となり，そのなかで子どもや保護者との対話や対応の不足や不備も起こり，そこから生じる問題の積み残しなどが，学校の対応力の低下，個々の教師や教師集団の力量不足と見られ，外部の評価が低く厳しくなっていること
④ 教育の両輪の一つとして子どもの背後にあって，経済状況の変化の激しい社会のなかで貧困化し，適切な子育て環境や条件が得られず，わが子に対する教育力の保持とその発揮のできない家庭や保護者が増加し，その保護者との連携や信頼関係づくりが難しくなっていること
⑤ そのようななかで，学級担任の仕事や役割が学校では最も困難なものとなるとともに，さらに成果主義や説明責任に基づく評価制度の導入により，教師のなかに個人主義的な動きや傾向が強まり，教師間の協力協同の姿勢，連携連帯感に綻びや亀裂が生まれていること
などである。このような現状に直面している学校と教師には，そのもてる体力・気力・知力・協力を結集し，過去の教育遺産に学びながら，政治の動きに翻弄されることなく，この難局を打開することが期待されている。

　その点で，教育方法を研究し実践している者の責任には，きわめて大きなものがあり，その打開の先頭に立つ自覚が求められている。本書には，その筋道が書かれているものと確信している。読者のみなさんには，本書を手にすることにより，その難局を共に読み解き，これからの教育のあり方を共にひらくことを期待して止まない。

平成23年8月　　編　者

目　次

まえがき

第1章　これからの時代の教育方法 …………………………………… 1
　1　腰の定まらない教育と教育方法 ………………………………… 1
　　　――学ぶ質と量への対応の間で揺れる教育方法の再構築
　2　授業をめぐる教育方法の歴史から学ぶこと ………………………… 7
　　　――形式的作用ではなく実質的作用で授業を構成する
　3　これからの教育方法を考える ……………………………………… 13

第2章　これからの学力・リテラシー形成と教育方法 ………… 20
　1　PISAリテラシーの特徴と学力形成の課題 ……………………… 20
　2　批判的リテラシーの形成と授業づくりの課題 …………………… 23
　3　批判的リテラシーの形成と複数的に生きる文化の創造 ………… 28
　4　学力・リテラシー形成と子どもの自己物語の再構築 …………… 31

第3章　これからの学校とカリキュラムづくり ………………… 35
　1　カリキュラム編成・開発が求められている現状と課題 ………… 35
　2　カリキュラム編成・開発としての学校・教師 …………………… 38
　3　学校が直面している課題とこれからの学校 ……………………… 41
　4　これからの学校とカリキュラムづくりに向けて ………………… 44

第4章　新しい学びの構想と授業づくり …………………………… 50
　1　社会と向き合う新しい学びとは …………………………………… 50
　2　学びを拓く教材研究と学習者研究 ………………………………… 55
　3　学びを推進する子ども・学級・授業のイメージ化 ……………… 57
　4　学びを演出し組織する授業過程のイメージ化と学習指導案 …… 61

第5章　新しい学びの展開と授業づくり……………………65
1. 学びの展開において「つながり」を分離する「システム」………65
2. 「つながり」を回復する学びの展開…………………………69
  ——教師の指導と子どもの学びとの「ズレ」
3. 学びの展開を拓く授業づくり…………………………………73
  ——「つながり」を生み出す小集団形態の現在

第6章　新しい学びの評価と授業づくり……………………80
1. 教育における「評価」の意味…………………………………80
2. 指導と評価の一体化……………………………………………82
3. 評価をめぐる今日的課題………………………………………84
4. 自己肯定感を育てるための評価——評価主体を育てるということ………87
5. 評価主体＝学習主体を育てるために…………………………91

第7章　子ども観と学級づくり………………………………93
1. 子ども観と教育実践……………………………………………93
2. 子ども観の原則と実践的視点…………………………………97
3. 子ども観の深化と学級づくりの発展…………………………101

第8章　学習主体と学級づくり………………………………108
1. 学習集団研究における学習主体………………………………108
2. 戦後の学級づくりにおける関係性への着目と自治的集団の形成…110
3. ケアリングと学級づくり………………………………………113
4. 協同的な学びと学級づくり……………………………………116
5. これからの学級づくりに向けての視座………………………119

第9章　特別なニーズと学級づくり…………………………122
1. 特別ニーズのある子ども理解の原則…………………………122
2. 特別ニーズと学級づくりの実践課題…………………………126

3　特別なニーズと学校づくり・地域づくり……………………………………*132*

第**10**章　情報メディアと教育方法…………………………………………*140*
　　1　新しいメディアは新しい教育方法と意識を生み出すか………………*140*
　　2　メディアはメッセージにしてマッサージである………………………*143*
　　3　学習の効率化がたどった道………………………………………………*145*
　　4　教育方法を実現するものは学びへの願いである………………………*148*
　　5　後ろ向きに進んでいく教師に寄り添い励ます…………………………*151*

第**11**章　現代の貧困と教師・学校…………………………………………*156*
　　1　我が国の貧困の状況………………………………………………………*156*
　　2　学校教育に現れる子どもの貧困…………………………………………*158*
　　3　脱貧困と教師・学校………………………………………………………*160*
　　4　脱貧困のための学び………………………………………………………*162*
　　5　脱貧困への進路指導・生活指導…………………………………………*165*

第**12**章　これからの教師教育と教育方法…………………………………*169*
　　1　教師の成長と教育方法……………………………………………………*169*
　　2　教師教育における「反省」概念――何のために反省は行われるのか……*172*
　　3　教育方法を学ぶということ………………………………………………*177*

人名索引／事項索引

第1章 これからの時代の教育方法

　いかなる教えることも学ぶことも，教育方法の介在なしには不可能である。そのためいつの時代も教育方法は，学校教育や社会教育の場などで教える人間（教師や指導者）に，彼の意図する教育と学ぶ人間（児童・生徒や学習者）の学びを媒介する手段や技術を提供してきた。その教育方法は，学校教育において見ると，第二次世界大戦後の新教育の出発以来，60年以上にわたってほぼ10年おきに改訂される学習指導要領の下，そこで強調された改善点や注目点を達成するのに都合のよい教育方法が選択・利用され，変化する教育のショー・ウインドー的役割を果たしてきた。教育方法は，一方で子どもとその学習活動のあり方が教育目標として注目されると，「問題解決学習」「児童中心主義」につながる教育方法に，他方で教育課程・内容と教師の指導性が教育目標として留意されると，「系統学習」「教師中心主義」につながる教育方法にシフトされ，その両極に揺れる歴史を繰り返してきた。その歴史の省察に基づき，これから求められる教育方法は，ポスト・フクシマを見据え，グローバルにして未来開拓的，ローカルにして現実打開的，自主的にして共同的な学びを担う，学ぶ主体を育てる方法・技術である。

1　腰の定まらない教育と教育方法
　　　――学ぶ質と量への対応の間で揺れる教育方法の再構築

（1）社会変化と教育方法の課題

　子どもの暮らす家庭や地域における経済と生活の状況を日々飲み込みながらグローバル化する市場経済の荒波。それに伴い顕著となった子どもの生育環境としての経済・文化・教育に関して拡大する地域間や家庭間の格差。当該者の努力の甲斐も支援の当てもなく「健全な生活水準」から滑り落ち，生活保護を受ける家庭で育つ子どもと，そうではない子どもとの間の学習意欲・学力・希望の格差は拡大し，そのなかで現在と将来の生活や学習において展望がもてない子どもの増加も目立っている。それを踏まえた生活指導論などの教育方法の

展開が期待される。

　また，経済発展に伴う産業構造の変化，それと並行して進んだ高学歴化・都市化・高齢化・少子化，従兄弟・再従兄弟や叔父・叔母も含めた第一次集団社会の規模や人数の縮小，それに伴い起った子どもをめぐる家族や母子における人間関係の緊密化と不安定化，地域の子ども集団の崩壊など，子どもを取り巻く社会や集団の急激な変化は，明治の学制以来，日本社会の経験しなかった事態である。それにかかわって教育的に問題になるのは，かつては上述のような縦横斜めの三重の人間・社会関係のなかで育成されていた，他者・集団において関係しコミュニケーションする上で重要な子どもの社会力や人間力。その形成に係る訓練や均しを受ける経験とそこで培われる様々な資質。それらが子どもから奪われ，その経験の中身も以前のものとは異なってきたことである。こうしたことも考慮した学級経営論や学習指導論などによる教育方法の受け止めが求められる。

　昭和50年代までの第一次産業と第二次産業を中心にした社会構造の下で育った子どもと比べて，第三次産業や高度情報化社会に発展した平成時代に生まれ育った子どもの見せる仲間との関係の仕方や相互の態度は，大きく変化してきた。それは，前世代の子どもの見せていた集団志向的なものではなく自己志向的なものであり，そのために自己の表現とその受容を欲求し合う子どもの間で行われる対人関係やコミュニケーションをきわめて困難にしている。そうした困難な人間関係の現状から学校における子どもの日々の生活と学習は，彼らにとって気が重いものとなり，不登校やいじめ，学級崩壊や校内暴力などの重要な背景にもなっている。

　子どもの感じる生活や学習の重たさは，彼らの生活指導や学習指導を営む教師の年齢や能力とは無関係に，若手からベテランまで及び，また，市街地の小中学校でも中山間地の小中学校でも，変わりがない状態である。このような変化にも対応できる教育方法を構成することが求められている。

　さらに今回の，想像を絶する巨大な地震と津波の一体化し複合化した東日本大震災と未曾有の原発事故が加わるなかで，これらを併せ受け止め生き抜くための生活知や科学知を媒介する学校や教師の仕事は，以前にも増して重要にな

るばかりではなく，将来を見通したその責務の範囲も広くなっている。そうした現況と将来への思慮から，教育課程論・生活指導論・学習指導論・学級経営論などの教育方法に課せられる中身は多様にして高度になっている。

振り返ると，現在直面している学校の諸課題は，1984年に設置された「臨時教育審議会」の四次にわたる答申以来の四半世紀の間，「自立・個性尊重・ゆとり・自己責任・学力向上」などの，誰も反論できない麗句のスローガンにより矢継ぎ早に行われた幾多の「教育改革」に端を発していると見てよい。その波状は，それまで「安定（安住）していた」学校とそのあり方を巻き込み，それにより日本中の子どもと教師，教育関係者や保護者を，日々何かに追われるような雰囲気や多忙化のなかに置き，学校と教師がその主体性や創造性を発揮しづらい環境に変えた。その傾向は，今回の教育課程改訂で，教育内容は2割程度増加するが授業時間数は増えない状況のなかでも継続している。教育方法は，こうした最新の変化と課題にも適切に対応しなければならない。

（2）教育課程の改訂と教育方法の対応

今回の学習指導要領の改訂は，第二次世界大戦以降，8回目となる。その度に変更されてきた教育課程。そのなかで教師は，新しい教育課程を子どもの自主的で共同的な生活と学習を営む教育方法によって彼らにひらいてきた。こうした教育課程の改善点などに対して，教育課程論，学習指導論，生活指導論，学級経営論，生徒指導論，教育情報論などの関係する教育方法論を駆使し，子どもの学びと向き合いそれを高めてきた教師の努力は，過去から現在まで変わることがない。

たとえば今回の改訂では，様々な調査結果からその能力の育成に課題が判明したPISA型学力・読解力（教材を問いの性質に留意して読み解くこと，内言語を駆使して論理的思考をすること，文字言語をイメージ化して説明すること，学習内容を言語化して記憶すること，新たな知識や技能を自分のものにすること）が重視されている。そのため教師は，子どもと学級に①音読と漢字力の力量アップ，②読解技術の修得，③論理的思考の涵養，④読書習慣の形成，などを学級経営と絡めて追求し，改訂に対応しようとしている。

このようにおよそ10年ごとに改訂される教育課程と向き合ってきた教師は，そこから提起される教育課題を機械的に処理していく「形式的教育」ではなく，目の前の子どもの実状を通して真の教育課題を読み解き，そこに不変的にして普遍的な教育目標を見出して対処する「実質的教育」を行ってきた。それは，子どもと学級が共同して課題と向き合い，その解決を一歩一歩ひらき進める教育方法を活用する教育であった。こうした教師の眼力と指導の的確さ，その仕事ぶりは，今日主流となった「成果主義や業績主義」の拡大深化の下で疎かにされてきた「千里の道も一歩より」「小さなことを積み重ねることが，とんでもないところへ行くただ一つの道と思う」と言う「イチローの精神や努力」，どのような苦境のなかにあっても諦めることなく勝利を目指し，女子サッカーの世界大会で優勝した「なでしこジャパンのチーム力」を想起させる。

　教育方法の活用や開発の最前線にあり，その中心分野のすべてが関与する授業の課題は，端的にいえば，教師の子どもに教え育てたい教科や領域に関する知識や技能，人間的な意徴や行動を，すべての子どもの学びたいこと，読み解きたいこと，できそうだ・やれそうだという見通しのある目標に転化させること，その目標に彼らを挑戦させることにある。そこから授業における教育方法の役割は，教育目標となる「学ぶ力をひらく陶冶としての教育」と「生きる力をひらく訓育としての教育」の実現や具体化を担うことにある。

　ところが，先の臨教審答申以来，この四半世紀の間に授業は大きく変質した。一つは，授業過程がそれまで重視していた学級づくりを進める「集団過程」を欠落させ，教材理解を進める「認識過程」に集約化されたこと。もう一つは，授業における指導が「中間最適」（学級の大半を占める中間層の子どもに合わせれば，他の層も活かされる，という考え方）から，「部分最適」（上位層の子どもに合わせると，他の層も引き上げられる，という考え方）に重点を移したこと。そのため授業では，一斉学習と個別学習を介した個人指導が中心になり，そのことに都合のよい教育方法が活用されるようになったのである。

（3）典型的な二つの授業とその教育方法

　これまでわが国の教育の歴史を振り返ると，第2節で検討するように，諸科

学の知識とその伝達の重要性が強調されると、それを受け止める系統学習と教師の教えることを重視する伝統的授業法が選択された。また時が変わり、子どもの経験や思考の重要性が指摘されると、それを活用する問題解決学習と子どもの学ぶことを重視する改革的授業法が選択された。いわば流行現象のように二極に揺れる選択が行われてきた。そのなかで教育課程の改訂の度に行われる教師の真摯な取り組みにもかかわらず、学習意欲や学力の格差などの問題や副作用が、社会変化とも連動して生み出されてきた。それは、前項で述べた学級づくりと中間最適を基礎にしていた指導を欠落させたというより、むしろそれを積極的に捨てて構成した授業により、伝統的授業法も改革的授業法も変質し、次のような問題点の積み残しに表われた。

　系統学習を選択した授業において説明などの手法で子どもに知識を丹念に伝えても、彼らはそれを聴くだけの学習活動ですべての知識を学び取れるわけではない。それが可能なのは、聴く子どものなかの一部であり、説明を意味不明の音声と受け取る子どもも少なくないのである。

　また、問題解決学習を選択した授業において、子どもが資料を調べることなどの手法で学習しても、彼らはその調べ学習ですべてを学び取れるわけではない。それが可能なのは、その学習を行う子どものなかの一部であり、調べ学習を難しい「難行・苦行」と受け取る子どもも少なくないのである。このように教師が丁寧に教えたことや、また子どもが時間をかけて学習したことがすべての子どもに適切な学びを生み出すには、それを支える全員参加と全員理解を呼び込む子ども間の相互作用・共同という条件が不可欠であった。

　大切な条件が看過され実践が矮小化されやすくなった背後には、一方で、教師の指導力不足が問題となり、彼の適切な説明、適時の指示、的確な点検と評価、という端的な教授活動で学習をコントロールしリードする力量が、教師力として必要とされた経過があった。他方で、子どもの自主性と活用力が問題となり、彼らの自発的な学習活動をセルフ・コントロールしセルフ・リードする力量が、自立した子ども力として指摘された経過もあった。さらに、個人間差異や凹凸を個性と受け止め、個人的学習と効率性とを重視したことがある。こうした対立する二つの授業法が両立してきた根底には、我が国固有の高学歴志

向と受験競争，グローバルな学力と人材の養成競争，という社会的要請も存在した。「個性重視の原則」の下で授業の中心軸の変更，教師力と子ども力の必要，受験という国内競争と学力という国際競争も関係していたのであった。

（4）これからの授業と教育方法の課題

　教師の運転する教授車に子ども全員を乗せて，教育課程という主要道を，所定の停留所に停まりながら目的地まで連れて行く伝統的方法にしろ，子どもに学習車を与えて彼らの運転で試行錯誤させながら，教育課程の道を目的地まで走行させる改革的方法にしろ，我が国の教育では，運転や走行の仕方などにつながる教育方法の選択幅が二極化してきた。

　教育課程の道を，誰がどのような車でどのように運転し走行させるのか，という問題は，国家のための人材養成かそれとも個人の成長支援か，教師の教授効率かそれとも子どもの納得学習か，という対立や取捨の対象ともなってきた。しかしこの問題は，本来的には対立する問題ではなく，個人の成長支援が国家と地球・人類の利益にもなる，納得できる学習支援が教授の意図にも適う，という両立や拾取の対象であることを忘れてはならない。

　したがって，この両立にかかわる教育方法の課題は，教えることと学ぶことのなかの一手法だけを絶対化するのではなく，他の手法も取り入れてバランスを取ることが必要なのである。教えることと学ぶこととの間を，教える働きが学ぶ働きを動かし，表れた学ぶ働きが次の教える働きを求める，という相互関係として捉え，両者の一方を絶対化して他方を軽視することなく，双方を結合させ真に豊かな学びを実現することである。

　ところが学校では，後述するように，一つはその知識や理解を必修とする教育課程の下で，教育内容の注入伝達と受容暗記を意図する「詰め込み教育」。二つは逆に，教育内容ではなく思考力・判断力・表現力を重視する自発的学習の下で，教えることを控え，学ぶことの拡張を目指した「ゆとり教育」。歴史的に見ると，この二つの教育が「順次交代で」学校教育を支配してきた。そのような事態を受けて，教えることと学ぶことの中身と関係が繰り返し揺れてきた。これまでの教育方法の不幸な歴史から生まれた形式的教育や副作用の教訓

を活かし，教師の教えたいことを子どもの学びたいことにする，彼らに学び取らせる，という教えることと学ぶこととの弁証法的統一を実現できる実質的教育が，教育方法の普偏な課題になってきたのである。

　これまでの持続的な社会変化だけでなく，今回の大震災や原発事故のように将来想定される事態にも対応できる普遍的な教育が期待されるなかで，教育方法に求められることは何だろうか。その時々の流行現象にとらわれない教育方法の今日的課題とは何か。その課題達成のために，どのようなことが教師や学校に求められるのか。次に，教育方法の定義を踏まえ，教育方法の歴史を概観しながら，そのことを追究してみよう。

2　授業をめぐる教育方法の歴史から学ぶこと
　　　――形式的作用ではなく実質的作用で授業を構成する

　教育方法とは何か。取り敢えず定義すれば，それは教育目標を実現すべく利用される教育の手段・方法・技術の総体である。教育方法は，学ぶすべての人間に真理・真実，知や技，意識や行動との創造的な出会いとその達成や実現をひらく，すべての分野や領域を指している。また，その下にある物的・人的・言語的機能や作用も含んでいる。

　これまでも指摘したように，そのような教育方法を私たちに可視化し，端的に理解させてくれるのは，授業である。授業には，それぞれの時代の教育と学習を特徴づける数々の教育方法が埋め込まれており，授業をイメージすると，教育方法の何たるのかが教示される。

（1）伝統的授業における教育方法の特徴
　そこで，まず，現在でも根強く支持される伝統的な授業の特徴をスケッチし，教育方法理解の一助としたい。
　小中学校の授業をイメージすると，その営みのあらゆる場面や過程に，様々な教育方法が利用されていることが認識できる。また，教育方法の利用が，時代や社会変化に応じて変化していることも理解される。

伝統的な授業とは，多くの人が中学・高校・大学等で経験してきたものである。それは，簡潔に表現すると，子どもと学級の学習の態度や活動に対する教師の指示や質問などの言葉を授業の起点にし，それらに対する生徒の反応や応答をそのなかに挟み，教師の評価や助言の言葉を終点にするものである。その流れを，教師の働きかけに焦点を当ててもう少し具体化すると，それは，(a) 一人の教師が，(b) 念頭にある教育目標の実現を目指し，(c) 黒板を背に学級の生徒全員に向かい，(d) 教科書や資料，黒板やOHPなどを活用し，(e) 前回の復習・新教材の導入場面から学習の終末場面に至る授業過程を通して，(f) 説明や指示，質問や助言などで彼らに働きかけ，(g) それに即応した一斉のあるいは個別の学習形態において聞く・書く・読む・話すなどの学習活動を実行させ，(h) その学習結果の一斉の個別的点検・評価を行い，(i) 次時の学習内容を予告する，そのような一連の指導・評価と管理で運営されている。

　このような授業は，現在では，教育における「化石」と言えなくもないが，教育方法の理解にとっては格好の素材になる。伝統的授業には，今日的な視点から観察・分析すると，次のようにそこにいくつもの「教育方法」が配置され活用されているからである。

(a) 教科の特性や学級集団の構成に応じて，子どもと学級の授業と学習を担う教師の配置と関係のあり方を追究する協力教授組織に関する「教授組織論」「教育協働論」
(b) 子どものひらく学力や人格の中身，二つの間の相互関係，それぞれの形成過程を追究する「陶冶論」「学力論」「基礎学力論」「ドリル論」「訓育論」「人格発達論」「道徳教育論」
(c) 学級全員の授業への主体的参加・態度・関係の創出を追究する「教授形態論」「学級経営論」「学習集団論」「習熟度別編成論」「学習規律論」「特別支援教育論」「生活指導論」「生徒指導論」
(d) 学習の主たる教材となる教科書，それを補完する資料，学習を支援する教具や学習機器の内容や特質，それらとの創造的出会いを追究する「教育課程論」「カリキュラム論」「教科教育論」「教材論」「教具論」「視聴覚教育論」「情報通信技術論」

（e）教材の認識過程（個人思考）と子どもの組織過程（集団思考）の交差する授業過程の特質と組織化のあり方を追究する「授業過程論」「学習過程論」「教材単元論」「経験単元論」

（f）子どもと学級の力動的な学習をひらく教授や指導のあり方を追究する「教授原理論」「授業研究論」「教授方法論」「講義法」「問答法」「討議法」「自主学習法」「教育的タクト論」「学習指導論」

（g）子どもと学級の学びをひらく最適な学習形態や学習活動のあり方を追究する「学習形態論」「学習活動論」「学習意欲論」

（h）授業や学習の過程や結果の分析と評価のあり方を追究する「授業分析・評価論」「学習評価論」「教育評価論」

（i）昨日の学習，今日の学習，明日の学習，と継続して連綿と続く学習のあり方を追究する「キャリア教育論」「生涯学習論」「教育方法史論」

　伝統的授業の分析を通して明示できる教育方法は，細かく挙げればこのように数多く存在するが，伝統的授業は，そのなかから総じて子どもと学級の学習の指導と管理をスムーズに進展させ，その成果の可視できるものを取捨選択して展開されており，「教師中心主義授業」「詰め込み教育」「効率追求授業」と言われる所以でもある。

（2）改革的授業における教育方法の特徴

　これに対して，小学校の授業を中心に，改革的授業が伝統的授業に対抗するように登場してきたのである。それは，概略すれば日本では，①封建体制下にあった江戸時代後半から隆盛した，庶民階級の教育を担った『寺小屋』における「集団内個別指導」に代わる，近代国家の明治『学制』以来の国民のすべての階層の子弟を一つの教室に集め，「芋の子を洗うように」大勢の子どもに大量の知識を伝達する欧米のペスタロッチ主義やヘルバルト主義の影響を受けた「一斉画一」授業，②封建遺制の残る教師中心の否定と，子ども間に存在しながら無視された差異の肯定を目指した大正新教育運動時代の世界的な新教育運動の影響を受けた「児童中心主義」授業，③戦前の教師と記憶中心の授業の克服に努めた，第二次世界大戦後のアメリカ教育の影響を強く受けた児童の生活

と思考中心の「単元学習」の授業，④キャッチ・アップの詰め込み授業に対置して志向された，臨時教育審議会の答申以降の成熟社会や国際化に対応する「個性重視」の授業，というそれぞれの時代の歴史を背景にして，中身は異なりながら世界を意識したグローバルな視点において共通に構想された「4つの授業」である。

　上記の改革的授業のなかでも，①は封建制と決別した単一性と普遍性を意図したモダン（近代主義）の授業であり，それと対比するなら②と③と④は，多様性と歴史性を有している点でポスト・モダン（脱近代）を志向した授業だったのではないかと思われる。とりわけ，平成元年の学習指導要領の改訂以来，この四半世紀の間，生活科とその考え方を中心に授業を席巻した④の改革的授業を取り上げ，その特徴を先の伝統的授業と対比してみよう。

(a) 単独教師による授業だけではなく，可能な教科では，TT（ティーム・ティーチング）やGT（ゲスト・ティーチャー）などの複数教師による協力教授方式や，チームで行う授業の増加への変化（ティーチング・システムの変化）

(b) 既成の学校知の量的増大とそのスピード・アップを目標とする授業から，知を創造する学習の方法や，思考力の育成を目標とする授業への変化（ナレッジ観の変化）

(c) 教師の教える場面や時間を縮減する一方，子どもの学習する場面や時間を拡大し，それを教師が注目し聴取する授業への変化（教師のポジションの変化）

(d) 黒板とチョークを使い自身の発声によって知や情報を発信・伝達する授業から，電卓，パソコン，電子辞書，デジタルカメラ，電子黒板，電子教科書などを活用して，直接教師によらない知や情報の受信を飛躍的に拡張した授業への変化（インフォメーション観の変化）

(e) 教師の構想し計算した展開速度の授業過程から，子どもの学ぶペースやリズムなどを重視した学習過程の構成への変化（学習ペースの変化）

(f) 指示や説明，価値判断や評価の多い授業から，教師の指導言（子どもへの指示・説明・発問・助言）においては，非指示的示唆や提案と受容的な応

答や助言，評価言（学習への価値づけ・注釈・助言）においては，注釈や助言を重視する授業への変化（リード・サポート観の変化）
(g) 一斉学習形態による聴取・読書・筆記・思考・応答などの受容的な学習活動を中心にした授業から，個別学習やグループ学習形態による問題解決に係る思考・探究・調査などの能動的な学習活動を中核にした授業への変化（アクティビティ観の変化）
(h) 教師による学習成果の総括的評価や相対評価を重視した授業から，教師による教育目標に準拠した診断的評価や絶対評価，子ども自身による自己評価・相互評価による形成的評価，ポートフォリオ評価やパフォーマンス評価を重視する授業への変化（バリュー観の変化）
(i) 45分で目標達成に決着をつける授業から，学習の進展に応じて授業の終わり方を柔軟にオープン・エンドにする授業への変化（エンド観の変化）

このように改革的授業には，積極的に子どもとその活動を中心に位置づけた授業や学習を目指し，授業の起点と終点に，子どもの最大にして最善の学習を考慮した指導評価やその姿勢が存在したのである。そのことが，これは「児童中心主義授業」「ゆとり教育」「理解追求授業」と言われる所以である。

（3）教育方法の歴史に学ぶ：形式的作用ではなく実質的作用を重視する

前節の典型的な二つの授業において活用された教育方法の歴史を振り返ると，そこには，①学問中心カリキュラム（教科主義カリキュラム）と学習者中心カリキュラム（経験主義カリキュラム），②実質陶冶（知識の獲得）と形式陶冶（思考力の形成），③到達目標（知識や理解）と方向目標（意欲や態度），④系統学習・座学と問題解決学習・体験，⑤基礎基本の習得・徹底と知識の活用・応用，⑥ドリル・スキル学習と活用・応用学習，⑦授業（学力形成）と道徳教育（人格形成），⑧教科指導と総合学習，⑨学習指導と生活指導，⑩教師の指導性と子どもの自主性，⑪自主学習（個人思考）と協同学習（集団思考），⑫認識過程（教材の読解）と集団過程（学級内の相互作用），⑬相対評価（個人間評価）と絶対評価（個人内評価），⑭総括的評価（評定評価）と形成的評価（到達度評価），などに見られるように，本来両立できる二つの教育要素の選択

と排除（せめぎ合いや覇権争い）の歴史が存在した。

そのためにその歴史は，第1節でも概観したように，時々の学習指導要領で示された教育目標の達成に資する教育方法を選択する習性により，子どもと学級の実態を反映した「実質的教育」を軽視し，一般的な改善点や問題点を考慮する「形式的な教育」を重視する歴史でもあったと言える。この度の改訂でも，教育課程の内容と改善点は増加したにもかかわらず，授業時間数は増加しないなかで，習得・活用・探究に係る学習指導，生きる力やキーコンピテンシー（主要能力）などと向き合う学習の組織化が重要な改善点として数多く挙げられたが，それだけを強く受け止めた教育方法の選択が行われ，歴史が繰り返されることが懸念される。

なぜなら，改訂された学習指導要領に基づく教育が2011（平成23年）度から実施される学校では，依然として増加傾向にある不登校や問題行動，陰湿化するいじめ，拡大している小1プロブレムや学級崩壊，中1ギャップと深刻化する学力の格差や学習意欲の低下などが未解決のまま残っているからである。

教育課題をどのようにとらえ，目前の子どもたちの現在と将来に結びつくような授業や学びをどのように演出・指導していけばよいのか。臨教審の答申以来の生涯学習・教科教育・臨床心理という教えから学び，教育から心理，集団から個人，均しから格差への傾向が強まるなかで，学級経営や生活指導，学習指導や集団思考などを中心に果たした過去の影響力が大きく低下した教育方法学は，これらの課題に果たして応えることができるのであろうか。

そのような問題意識の下でこれからの授業や学びのあり方やその指導を見通すとき，どのようなことに留意しなければならないのかを考えてみたい。その際重視したいことは，前述した20世紀の教育方法がその選択とそれに基づく指導について自問自答していたことを踏まえて，

① 体系的な知識や技能とその習得を目指す，各教科の系統学習と座学か，それとも生きて働く生活や思考とその活用を目指す，教科を超えた問題解決学習と体験か

② 子どもや学級の実態に関係なく上の二つの学習法を当てはめる形式的教育か，それとも，実態を受け止めその改善を目指す教育方法を考案して行う実

質的教育か
③ 全員に共通した学びに対応できる全員最適のあるいは中間最適の指導か，それとも個々の学びに即した個人最適のあるいは部分最適の指導か
④ 子どもの社会化を目指す教師の教育作用重視の指導か，それとも彼らの個性化を目指す心理機能重視の支援か
⑤ 教師の的確なプレゼンテーション能力に基づいて効率的な指導を追求するファースト・エデュケーションか，それとも，子どもの自主的に学ぶ力や解釈力に依拠するスロー・エデュケーションか

という，子どもの学びの成立と進展にとって必要かつ価値ある教育方法に関する要素を，単純な二者択一によって排除したアンバランスで形式的な指導に陥らずに，それぞれの特徴を学びの拡大深化をひらくバランスの取れた実質的な指導になるよう考慮することである。

以上の学習指導論や生活指導論を中心にした教育方法の歴史から学ぶことを概括すると，それは子どもの学びを教師の側から一方的に広げ深める指導性ではない。子どもの側から学びを自主的協同的にひらくことと向き合うなかで，彼らとの間に存在する非対称関係と教育的ギャップを的確に認識した柔軟にして自立した教師のリーダーシップの構築である。

3　これからの教育方法を考える

(1) 歴史の省察に学ぶ教育方法の構築

少子高齢化，核家族化，国際化，高度情報化，社会の市場主義・個人主義・グローバリズム，今回の東日本大震災などの時代の波は，学校や教師だけでなく，すでに子どもの皮膚まで押し寄せているのが実情であろう。そのような時代の背景や事情を受け止めながらも，これからの教育方法はどのような点を考慮しながら生き抜いていくべきであろうか。

一つには，学校以外では広く可能な一斉学習と個別学習を中核とした知識や技能，意識や行動の「個人構成的な学び」のあり方から，学校に固有な自主学習と協同学習の相互作用する学び合いを中核とした知識や技能，意識や行動の

「社会構成的な学び」のあり方を，子どもとその学習集団と共に追求できる学びのシステムを構築することである。

　二つには，個別指導の徹底や精緻化，電子黒板や電子教科書の機器利用などで創意工夫した学習指導でも，結果的には子どもを知識の受け手・暗記者として学習の客体にするような現在の学びを，子どもが自ら学習の主体として知識を構成し成長や発達をひらく学びや学び合いに変革することである。そのことにより新たな学ぶ世界と関係と自己を創出し，さらにその延長線上で「生きる力」の一部となる思考・判断・表現力を高める学びの創造に努めることである。

　三つには，習得・活用・探究のそれぞれの学習が提起されているなかで，各教科の学習指導をどのように考え，どのように行っていくかということである。各教科においてそのあり方を発展させる見地から，三つの学習を分離して進めるのではなく，基礎基本であっても，系統的・順次的にしかも質の高い教材や問題を活用しつつ，確実にしかも豊かに定着・発展するように行うことである。その際重視すべきは，子どもたちが問いを生み出しそれを解決する，様々な対象に働きかけ，知や技，思考力や創造性をひらく学びや学び合いを尊重することである。

　四つには，生活し学習する学級において孤立し孤独になる一方で，仲間や学級には無関心になる子どもにとって，その意義が，薄く狭く弱くなってきたと危惧されている現在の学級経営のあり方を見直すことである。子どもたちを学級の主人公として，彼らが主体的にそして自治的に様々な問題や課題に取り組めるように，これからの時代に相応しく学級システムを再構成することである。対人関係能力や社会的技能が未形成のまま成人になる，と言われる現代の子どもの人間的な成長を支援できる方策や方法を，新たな学級経営の面から考案することが求められる。

（2）これからの教育方法のフィロソフィー

　では，これからの時代と向き合う教育方法はいかにあるべきなのだろうか。これまでの教育と教育方法の歴史に思いを馳せながら，教育方法のフィロソフィーを挙げてみよう。

① 教育を担う教育方法
　かつて，大哲学者イマヌエル・カントはその著『教育学』で「人間は教育されねばならない唯一の被造物である」と言った。その「教育」を受け止め，子どもにひらき実現するのが教育方法である。教育方法は，それ自体に目的があるのではなく，すぐれた教育を確かに，そして豊かにひらく方法や手段として認識され媒介され，その成果を生み出してはじめて，その価値や意義も得るのである。
② 教育としての教育方法
　ところが教育は，いつでもどこでも誰でも，善なるものとして為せる保証があるわけではない。むしろ，大人と子どもとの世代間機能を演じる教育は，いつも管理，統制，調教，虐待という非教育に転化する危険と隣り合わせの状態にあることも事実である。善きもの，妥当なものと見られやすい教育は，条件と状況によっては即刻，悪しきもの，不当なものに転化しやすいのである。子どもの学習を強制・管理する手段・方法ではなく，それを支援し促進する教育方法であることが求められる。
③ 意図的にも無意図的にも作用する教育方法
　教育には，意図的教育と無意図的教育（あるいはフォーマル教育とインフォーマル教育）がある。意図的教育の典型は，学校の授業であり，無意図的教育の典型は，保育所や幼稚園における子どもの遊びである。遊びには，学校の学習のように直接意図した目標はないが，間接的に心身の成長が意図されている。遊びは，その点に意味がある。教育方法にも，意図的に作用する場合と無意図的に作用する場合があることに留意することである。
④ 陶冶と訓育をひらく教育方法
　世代間，個人と社会とをつなぐ教育の中身には，家庭・地域・将来において生きて働く「知識と技能の伝達と意識と行動の喚起」という陶冶と訓育の働きがある。学校ではそれは，特に子どもの学力形成と人間形成として追求される。重要なことは，かつてヘルバルトがその著『一般教育学』で「教授のない教育などというものの存在を認めないし，また逆に，教育しないいかなる教授も認めない」と書いたように，教育方法の選択や活用において，この陶冶と訓育の

結びつきを考慮することである。
⑤ 実質陶冶と形式陶冶としての教育方法

　各教科の知識の伝達を重視する系統学習を採用するにしろ，各教科の知識を生み出す思考を重視する問題解決学習を採用するにしろ，いかなる存在や職業にも共通して，人間としての普遍的な資質や能力，思考力や創造性などの心的能力の発達を目指す形式（一般）陶冶と，ある特定の方向性を目指した生活の糧の習得や，将来必要な知識や技能等への準備を行う実質（職業）陶冶の二つに注視した教育方法が求められる。

⑥ 自己形成としての訓育をひらく教育方法

　歴史的社会的に重要とされる徳目や価値目標を学習の直接的対象とする（言葉で伝え学ぶ形式を重視する）訓育法も可能ななかで，社会的個人として日々営む生活や学習において直面する状況や課題（間接的対象）を通して価値も自己形成されるとする（行為・行動を介して生き方の指針を感じ取る・ひらく形式を重視する）訓育法を教育方法は中核にすべきである。

⑦ 発達と教育をつなぎ，発達をひらく外的条件としての教育方法

　教育は，発達の重要な外的条件，発達の規定要因として不可欠なものである。子どもの人間としての成長，学力形成や人間形成を規定する教育を考えるとき，発達至上論にも教育万能論にも陥らずに，彼らの内的諸条件としての既有の経験・既知既習・諸力・諸能力や自主性と，外的条件としてそれらをひらく教育や指導との相互作用を重視した教育方法の意義と役割を意識したその活用が求められる。

⑧ 学習を可動させる教育方法

　教師と子どもとの間の対話，子ども相互間の対話から，子どもの自己対話への移行としての発達観（ヴィゴツキー）と個人内の質的な構造変化としての発達観（ピアジェ）が存在するなかで，学習や発達の条件としての教材・目標・指導の必要性と，学習や発達の源泉としての子どもの主体的な疑問や関心から生じる積極的な周囲への働きかけ，その二つの連関や結合を考慮し，子どもの学習や発達を真に可動させる教育方法を選択することが肝要である。

第1章 これからの時代の教育方法

⑨ 明日の発達水準に問いかける教育方法

すべての子どもには，今日の発達水準（自力で可能な達成水準）と明日の発達水準（他者との協同で可能な達成水準）（ヴィゴツキー）が等しく存在する。その今日と明日の間に架橋すること，今日を活かし明日に挑ませることが教育である。すべての子どもに二つの間の教育的ギャップを仕掛け，仲間による適切な支援や協力の下でそれにチャレンジさせる教育方法が大切になる。

⑩ 経験（帰納）と科学（演繹）をつなぐ教育方法

教育には，生活の論理（東井義雄）を受け止める教育，経験の再構成としての教育（デューイ），で言われる生活で見える・捉えられる，その連続面を追究する教育と，生活的認識から科学的認識への移行としての教育（ヴィゴツキー），わかると思わせながら実はわからないことを体験（帰納）させながら生活では見えない・捉えられない非連続面の教科の論理を認識（演繹）していく教育（仮説実験授業）がある。経験と科学を相互にひらき高め深め合う教育方法が問題になる。

⑪ 裏のカリキュラムや副作用にも留意する教育方法

教育には，教材や課題の性質に即して子どもに求められる制度的な学習で得られる陶冶と訓育を目指す顕在（表の）カリキュラムと，その学習において同時並行して個人的に自生する陶冶と訓育になる潜在（裏の）カリキュラムがある。すべての教育で，このように成立可能な二つの「カリキュラム」や副作用に注目した教育方法が求められる。

⑫ 二つの目標にひらかれた教育方法

教育における目標には，算数の計算問題のように達成判断の明確な到達（達成）目標と，物事に対する関心・意欲・態度のようにきめの細かな達成判断の不能な方向目標がある。教育方法の選択や効果の評価においては，このような二つの教育目標の特性に即して，判断し実行することが必要になる。

⑬ 言葉・論理とイメージ・感覚をひらきつなぐ教育方法

感覚を媒介としない，感性を活用しない教育は，子どもには感応・応答されにくい，イメージされにくいという問題点をもつ。他方，論理や知性を踏まえない教育は，子どもの一時的な反応や応答に終わりやすく，筋道だった理解や

学びを展開しにくい，という課題をもつ。教育方法は，これらの点を受け止め，教科や教材の特性と子どもの感性を活かしつなぐことを重視すべきである。

⑭ 思考や意欲，達成感と見通しをひらく教育方法

　授業では，教師の説明や質問に対する子どもの応答とその評価で終わりとなりやすいが，実は教育は，その評価から始まるものである。応答に対する評価や受け止め方によって子どもの学びは広がり深まり，彼らの意欲も高まるからである。子どもから正解を引き出し暗記させて終わるのではなく，つまずきや誤答を検討するなど彼らの思考や意欲，達成感や見通しをひらく教育方法が求められる。

⑮ 個人内と個人間をひらきつなぐ教育方法

　教育には，一斉や個別による個人の教育と，集団を介した個人の教育がある。今日では，前者の教育が大半であり，後者はその影が薄くなっている。様々な教育問題を解く鍵は，個人教育のなかに個人間の教育と集団や社会にもひらかれた教育をいかに並行させるか，という教育方法のあり方とその選択も重大になっている。

⑯ 要求と自主性をつなぐ教育方法

　子どもへの信頼が皆無のとき，教師は彼に一片の要求もしなくなる，言葉もかけなくなる。そこから教育の最大の原則として，「要求と尊敬の弁証法」（マカレンコ）が言われる。また教育では，「教材や課題によく働きかける者が，それからよく働きかけられる（学ぶ）」とも言われる。そのため，教師の要求や指導と子どもの自主性を結合し相互を高める教育方法が求められる。

学習課題

（1）伝統的な授業における教育方法には，どのような特徴と課題があるか，話し合ってみよう。

（2）改革的な授業における教育方法には，どのような特徴と課題があるか，話し合ってみよう。

（3）なぜ教育は形式的なものになりやすく，実質的なものを志向できないのだろうか。具体的に考えてみよう。

参考文献

山下政俊「戦後の授業研究の歴史1〜12」『現代教育科学』2006年4月号〜2007年3月号,明治図書。

山下政俊「学級経営力を高める1〜12」『心を育てる学級経営』2008年4月号〜2009年3月号,明治図書。

(山下政俊)

第2章 これからの学力・リテラシー形成と教育方法

　本章では，リテラシーの教育をめぐる近年の研究動向を手がかりとして，どのような授業と学びが求められているのかを検討する。第一に，OECDのPISA調査で提起された「リテラシー」概念の特徴を捉える。また我が国の学校教育改革においてそれがどのように取り入れられてきているのかを検討する。第二に，近年注目が寄せられてきた批判的リテラシーの視座から，学力・リテラシー形成を捉え直す。特に，フレイレや彼の教育論を源流とする研究に学び，どのような学びをつくり出すかを検討する。第三に，子どもにとって意味を伴う学びをつくり出すために，物語の知に着目した学力・リテラシー形成について検討する。

1　PISAリテラシーの特徴と学力形成の課題

(1) PISAリテラシーの特徴

　日本の学校教育改革をめぐる議論のなかに，「リテラシー」という概念を位置づける一つの契機をつくり出したのは，OECD（経済協力開発機構）のPISA調査（Programme for International Student Assessment）であろう。PISA調査が捉えようとしたのが，義務教育修了段階にある15歳の子どもたちが獲得している「リテラシー」であり，読解リテラシー，数学的リテラシー，科学的リテラシーについて調査を行ってきた（2003年調査では，問題解決能力も追加されている）。PISAリテラシーは，ある一定のカリキュラムの内容をどの程度習得したかではなく，知識や技能を使って実生活で直面する課題にどの程度対処できるのかを問うものである（国立教育政策研究所，2004）。単に知識や技能を有しているかどうかではなく，それらを道具として世界と相互作用しながら，現代社会を生きる市民として子どもたちが社会参加していく力を問うている点に特徴がある。

さらに，PISAリテラシーをより包括的に捉えるためには，OECDがPISA調査と並行して実施したDeSeCoプロジェクト（Definition and Selection of Competencies）が提起する「キー・コンピテンシー」（key competencies）との関連を捉える必要がある。「人生の成功と正常に機能する社会」を形成するために人びとが備えるべき鍵となる能力として，「相互作用的に道具を用いる」，「異質な集団で交流する」，「自律的に活動する」という3つのカテゴリーが選び出され，その中核に「思慮深さ（反省性）」が位置づけられている。これらのうち，PISAリテラシーは「相互作用的に道具を用いる」というカテゴリーの一部に位置づけられている（ライチェン&サルガニク，2006）。

また，先進資本主義国からなるOECDの提起であるという限定つきではあるが，「正常に機能する社会」を構想する際に，「経済生産性」を掲げるだけではなく，「民主的プロセス」「連帯と社会的結合」「人権と平和」「公正，平等，差別観のなさ」「生態学的持続可能性」を不可欠な要素と捉えていることは看過できない点である。OECDが提起するリテラシーやキー・コンピテンシーは，ポスト産業社会として出現する知識基盤社会において，社会の変化に柔軟に適応できる能力を求めているだけではなく，その社会が直面する現代的・人類的な課題に当事者として応答する能力をも積極的に探求しているのである。

（2）PISAリテラシーからみた学力形成の課題

PISAリテラシーは，「活用の学力」と読み替えられ，学校教育法（2007年6月改正）や2008年改訂の学習指導要領に示された「学力」の三要素のなかにも位置づけられてきた。しかし，PISAリテラシーをどのように捉え，その形成をどのように構想するかについては，いくつかの課題も指摘されてきた。

まず第一に，PISAリテラシーが，「基礎」に対する「活用・応用」として捉えられるという課題である。「基礎的な知識・技能の習得」と「それらを活用した課題解決」とが段階論として捉えられ，まずは「基礎的な知識・技能の習得」を確実に行うために，反復練習などによる繰り返し学習が強調される。そのことによって「学力向上」が進められる。しかし，PISAリテラシーは，知の獲得そのものが「参加的・文脈的・包括的」であることによって，それは

「人間的・市民的成熟の基礎」を形成することを提起するものであると捉えられている（岩川，2005：235-236）。すなわち，「基礎的なもの」をこそ「参加的・文脈的・包括的」に学ぶという視点を学力形成に取り戻すことである。この点については，次節で考えてみたい。

　第二に，PISAリテラシーは，他のキー・コンピテンシーとの関連のなかで形成されるという視点を取り戻すことである。キー・コンピテンシーを構成する３つのカテゴリーは，現実場面では相互に関連して発揮されるものである。しかし，「学力向上」を求める教育言説と呼応して，PISAリテラシーの形成のみに注目が向けられている。たとえば，PISAリテラシーの形成は，「異質な集団で交流する」という他のコンピテンシーとの関連のなかで追求されることが期待されている。しかし，「学力向上」政策のなかでは，「習熟度別学習」に顕著なように，習熟度の差異に応じて子どもたちを「分ける」といった教育方法に注目が向けられがちになる。PISAが提起することは，そうではなくて，リテラシー形成を「異質な集団で交流する」コンピテンシーの形成と不可分なものとして捉え，授業を構想していく視点をもつことである（松下，2006；佐貫，2009）。

　ここで渡辺恵津子の実践記録に目を向けてみたい（渡辺，2001）。「あまりのあるわり算」の授業である。九九を覚えていない子どもは「九九表」を片手に授業に参加する。また，わり算のやり方を，数字を使って考えてもよいし，九九を覚えていない子どもは，タイルやカップといった具体物を使って考えてもよい。多様なやり方が出し合われ，話し合われていくなかで，具体物を使った考え方を根拠にしながら討論が深まり，あまりのあるわり算のやり方にたどり着いている。そのなかで，「ぼくは勉強ができない」と自分にレッテルを貼っていた子どもが，計算の復習への意欲を高め，他方，すでにやり方を学んでしまっていた子どもも，その討論を通して計算の仕方の意味を学び直している。他者と応答し合う関係のなかで認識の深まりが生み出され，また，学習対象に他者と共に向き合うなかで，自己や他者と新たに出会い直す学びが構想されているのである。

　この授業には，学習に困難を抱える子どもたちの側から「通常」の授業を構

想し直そうとする視点がある。リテラシーを単数の概念と捉えるだけでは，それを身につけていない子どもたちには授業参加が困難となる。そうではなく，リテラシーを複数の概念として捉え直し，「差異」が承認された授業が構想されている。「算数は積み重ね」「九九を覚えていなければ授業に参加できない」という前提を教師自身が相対化し，「数字を使って考える」「具体物を操作して考える」「九九表を使って参加する」といった多様な方法が承認され，学力・リテラシー形成を「異質な集団で交流する」能力の形成と不可分なものとした授業が構想されている。

2 批判的リテラシーの形成と授業づくりの課題

（1）「機能的リテラシー」から「批判的リテラシー」へ

　PISAリテラシーと同様に，リテラシーの機能的側面に焦点を当てた研究がある。読み書き能力としてのリテラシーを，読み書きの「技能」（skill）として捉えるのではなく，実生活で実際に活用される能力として捉え直す「機能的リテラシー」（functional literacy）という考え方である。それは，ユネスコが主導する識字教育において注目され，人びとが所属する社会のなかで日常生活を営み，その社会のなかでとり行われる諸活動に参加していくために必要とされる読み書き能力のことを意味する。

　しかし，ユネスコの活動において，機能的リテラシーは経済開発の論理と結びつき，経済生産性の向上に資するかどうかという観点からリテラシーの機能性が描かれていくこととなる。さらに，機能的リテラシーは，人びとが所属する眼前の社会を前提とし，その社会に適応していくためのリテラシーとして描かれやすい。ユネスコは「ペルセポリス宣言」（1975年）において，このようなリテラシー観からの転換を図っている。経済的要求に従属したリテラシーの捉え方ではなく，人間の基本的な権利として捉え直し，学習者の権利と要求の側から生活を創造的に作りかえていく力として位置づけ直されていく。この転換に大きな影響を与えたのが，フレイレ（Freire, P.）である（小柳，2010）。

（2）フレイレのリテラシー論から学力形成を捉え直す

　フレイレは，文字を学ぶ機会を奪われ，世界に主体的に対峙していく権利を奪われてきた貧しい人びとへの識字教育を構想した。教師が既存の知識を一方的に「伝達」し，学習者がそれをそのまま貯蓄する教育を「銀行型教育」（banking education）として彼が批判したことはよく知られている。学習者は，文字を学ぶ機会を奪われてきたが，同時に自らの言葉と文化をもち，そのなかで生きられた経験をもつ。しかし，「銀行型教育」は，学習者という「容器」に知識を預金するがごとく伝達し，教室では学習者の「声や経験」が周辺化されてしまう。フレイレが「銀行型教育」に対置して提起する「課題提起型教育」（problem-posing education）では，学習者の「声や経験」を何よりも重視し，学習者が自らの世界を捉え直し（課題化し），自らのことばでそれを描き直していく批判と創造の行為として，リテラシーは捉え直されていくのである（フレイレ，1979）。

（3）リテラシー形成における意識化の役割

　「ことばを読むことは，世界を読むことである」。ここにフレイレが寄って立つリテラシー観が表れている。リテラシーを獲得することは，学習者が単に文字を覚え，それを操れるようになることではない。そのことに先立って，学習者が自ら生きる生活現実を「読む」ことが重要視されるのである。

　フレイレにとって，リテラシー形成のための教育実践とは「意識化」の実践を意味していた。「意識化」とは，ある生活現実のなかに生きている人間が，自ら生きる生活現実と向き合い直し，対象化していくことで，自己と世界との関係性を問い直し，つくり変えていくことを意味する。リテラシーはそのために必要とされたのである。それゆえにフレイレの構想するリテラシーの教育においては，教室で学ばれる文字は，学習者の切実な声を聴きとりながら選び出され（それを「生成語」（generative word）と呼ぶ），その言葉に関連した学習者の具体的な生活状況が，絵，写真，スライド，さらには演劇などによって学習者に提示される（それを「コード表示」と呼ぶ）。その絵や写真を取り囲み，学習者が自分たちの生活現実について互いに聴きとり合い，語り合う「対話」

を重ねていくことで，自らが生きる生活現実から距離をとり，生活現実に向かって問いを発し，自らが生きる世界を捉え直していくようにリテラシーの教育は構想されたのである。その過程のなかに，文字を獲得するための学習が位置づけられるのである（里見，2010）。

フレイレのリテラシーの教育は，学習者の生活現実とのつながりのうえに構想されている。知識や技能をわかりやすく習得するための道具として学習者の生活現実が用いられているのではない。そうではなくて，リテラシーの形成を通して学習者が生活現実を「意識化」するように構想されるのである。知識や技能を獲得させることに囚われるのではなく，学習者にとっての生活現実がいかに新たな意味をもってつかみ直されるのかを問うのである。ここに「基礎的なもの」を「参加的・文脈的・包括的」に学ぶ一つの視点がある。

たとえば，渡辺恵津子は，算数のかけ算の授業（小学校3年）で，単元の最後に子どもたちが，自分たちの生活のなかから問題をつくる活動に取り組んでいる。算数が苦手で，練習問題の時はつきっきりでないとできない真利は，自分が使ったトイレットペーパーの使用量を計算する問題で，かけ算を使うことで生活がより深みをもって見えてくることのおもしろさに惹かれて自分から勉強をし始めている。さらに，子どもたちはトイレットペーパーを持ち寄り「古紙ってなあに？」「再生紙とパルプ100％，どう違うの？」などと様々に疑問を出し合い，調べていく授業へと発展している。子どもたちはかけ算を使いながら自分たちの生活を意識化し，新たなまなざしで生活を見つめるようになっている。またかけ算は，子どもたちの生活のなかに意味づけられている（渡辺，2001）。

さらに，百瀬あきらは，総合学習（小学校6年）で，子どもたちが自分たちの生活現実を意識化していく授業を展開している（百瀬，2003）。貧困が直撃する漁村（A町）に生きる子どもたちは，自分たちが生活する町を「しょぼい」と言う。この子どもたちの言葉から，自分たちの住む町についてのリサーチがはじまる。「シマフクロウ探検」を通して，「どうして森は小さくなったのか」と疑問をもち，調べていく。子どもたちはそのなかで，シマフクロウ保護に取り組むYさんや川の浄化作用を高めるために植林を続けるA町の漁協の方と出

会っていく。牛の糞尿で水が汚れ、魚が捕れなくなっている。「どうして酪農家を訴えないのか」と尋ねる子どもたちに対し、漁協の方は「訴えるんではなくて一緒にできるところからやっていきます。酪農家も実は苦労している」と答えられている。「A町はしょぼい」と諦めがちに見ている自分たちとは異なり、現実社会の矛盾点に向き合い困難を切りひらこうとする生き方（おとなたち）に出会うことで、子どもたちは自分たちの地域の見え方を相対化し、変えられる可能性のある世界として描き直し、地域への新たなかかわりを生み出している。子どもを学校知のなかに閉じこめてしまう学びではなく、子どもたちが自分たちの生活現実を「意識化」しながら、自分たちの世界と新たにつながる学びが構想されている。

（4）リテラシー形成を通した子どもの著者性の恢復

フレイレによるリテラシーの捉え方は、「銀行型教育」のように、すでに意味が確定された知識をどれだけ貯えているかではなく、世界を捉え直し、学習者の側から世界を描き直す行為として捉え直される。フレイレが「対話」を重要視し、教師が知識の批判的共同探究者と位置づけられるのは、文字を学ぶ機会を奪われ、生活のなかに生きづらさを抱える学習者に、外から知識や技能を付与する権威主義やパターナリズム（温情主義）を批判し、学習者が当事者として自らの生活現実を批判的に捉え直し、自分たちのことばで再定義していくリテラシーの教育を構想しようとしたからである。

それゆえに、リテラシーの教育においては、子どもたちの生活現実、さらには科学・文化の世界を批判的に問い直す「批判の言語」を獲得することを求める。たとえば、子どもたちのポケモンへの関心を学びにつなげ、ポケモンのゲームソフトの販売延期には、ポケモン関連の商品を売る側のマーケティング戦略があることを突きとめていく実践があるように（原田, 2001）、学習者が自らの生活現実を批判的に問い返す言葉を立ち上げていく側面がある。

同時に、リテラシーの教育は、共同的に問い直された生活現実や科学・文化の世界を子どもたちが意味づけ直していく「可能性の言語」を立ち上げていく過程でもある。子どもは日常生活でのおとなとの相互作用を通してことばを獲

得し、また、学校においては教師や他の子どもたちとの相互作用を通して学ぶべき知識や技能について学習していく。しかし、子どもたちは、すでにおとなや教師によって意味づけられた知識を受け入れることによって発達するだけの存在ではない。ユネスコの学習権宣言（1985年）も、学習権を「自分自身の世界を読みとり、歴史をつづる」権利として提起するように、リテラシーの教育は、子どもたちが自らのコンテクストの側から、生活現実や科学、文化の世界に向けて問いを発し、共同で探求する過程を通して、それらを自分たちのことばで再定義していく過程を含みもって構想することが課題となるのである（子安、2000）。そのような存在として、子どもたちを捉え直していくことである。

（5）学力・リテラシーの形成と子どもの社会参加

こうしたフレイレの提起は、先に言及した「学習権宣言」や「子どもの権利条約」の理念とも合流し、学習と社会参加とを統一的に展開する授業と学びを切りひらいていくことにつながっている。

中野譲の実践記録「川との語り合い」に目を向けてみたい（中野、2002）。学習の対象となる川は、子どもたちが遊びを通して身体ごと関与している川である。その川をめぐり、「どうしてこんなに魚が少ないのか」と子どもたちは問いを立ち上げていく。地域班を編成しながら、「昔はどんな川だったか」を調べていくなかで、昔の川と変わってしまったのは、川の護岸がコンクリートばかりで固められているからであると突きとめる。子どもたちは、「なぜコンクリート護岸なのか」と、さらに地域のおとなに聞き取りを始める。調査を進めていくと、「村にはお金がない（コンクリート護岸だと安くすむ）」「村に働く場をつくるため」といった地域やおとなが生きる現実と出会う。「仕方がないのか」「仕方がないではすまされないのか」。子どもたちは討論を通して、「自分たちで安全で魚のすめる護岸を設計しよう」「そうすれば、その護岸をつくる工事だってでき、働き場所もできる」と考え、自然にやさしい工法について学習し、町の「水質を守る会」に提起する。また、自分たちの考えを学校や地域の文化祭で発信し、「川と自然を考える会」を結成している。それに触発されて「水質を守る会」でのおとなの交流もはじまる。子どもたちが、地域の

現実に創造的に応答していく当事者になっていくのである。

　学校での学びを脱文脈化された客観的な知識・技能，さらには活用のスキルの学習に閉じ込め，それをどれだけ身につけるかに囚われてしまうのではなく，子どもたちが世界とつながり，当事者としてその世界を描き直すことに関与しているという実感がもてる学びを構想することが課題となっているのである。

3　批判的リテラシーの形成と複数的に生きる文化の創造

（1）リテラシー形成と差異の政治

　フレイレによって構想された批判的リテラシー論は，多文化社会アメリカにおいて批判的教育学によって受容され，発展している。その代表的な論者にジルー（Giroux, H. A.）がいる。この主張は，まず第一に，文化的リテラシー（cultural literacy）論への対抗言説としての特徴をもつ。文化的リテラシー論を展開するハーシュ（Hirsch, E. D.）は，アメリカ国民が共有すべき文化的な知識内容を「背景知識」としてもつがゆえに，読み書きが可能となると考える。それゆえに文化的リテラシー論では，「誰もが国民として身につけるべき知識の中身」や「教育内容に盛り込まれる価値観」が重要視されるのである。批判的リテラシー論は，アメリカの文化的伝統やその源流となる西欧文化を中核とした共通教養の必要性を主張する文化的リテラシー論に対抗し，前提とされている「共通」の文化から周縁化され，沈黙を余儀なくさせられている人びとの声に応答し，民主的公共空間を立ち上げ直していくことを提起するのである（小柳，2010）。

　第二の特徴は，フレイレの批判的リテラシー論を発展的に再構成していることである。フレイレは，自己と他者，さらには現実世界との関係性を意識化し，その変革に向けたリテラシーの教育を構想した。しかし，フレイレの「解放の教育学」は，フェミニスト教育学からの批判を受けることとなる。すなわち，フレイレが捉える「被抑圧者」が単一の普遍的な概念として描かれており，ある「被抑圧者」が別の者との関係において「抑圧者」になりうる関係が看過されているという批判である。それに対してジルーは，「差異の政治」という視

点を取り入れ，リテラシーの教育を再構成している。人は，人種，民族，階級，ジェンダーをはじめ，人びとを差異化し，序列化する様々な境界（border）に枠づけられた関係性のなかに生きている。そこに生みだされる非対称的な関係性に目を向け，その関係性の変革に向けたリテラシーの教育が構想されるのである（竹川，2010）。

それゆえ批判的リテラシーは，学習者が出会う言説や文化のなかに，人びとを差異化していく「境界」がいかに埋め込まれているのかを読み解く実践を探求する。また，学習者が自らとは異なる多様な言説や文化に出会いながら，学習者自身が身につけ，依拠してきた「境界」を意識化し，「越境する」（border crossing）ことで，異なる多様な他者と出会い直す学びを求めていると言える。

（2）「聴きとられていない小さな声」の側からテキストや言説を捉え直す

学びの過程のなかで出会うテキストや，子どもたちを取り巻く言説のなかにある「境界」を読み解いていく学びを構想するとき，そのテキストや言説が「誰の声を特権化しているのか」，あるいは「誰の声が聴きとられていないのか」を，子どもたちが読み解くように授業を構想することである。批判的思考力の育成やPISAリテラシーをもとに提起される批判的な読みは，ある事柄を説明する際の論理性や論証構造の妥当性を「批判的」に読み解くことを目指すのに対し，批判的リテラシー論が提起する「批判的」とは，ある事柄を複数の立場から読み解いていくことを意味する。しかしそれは，複数の視点から世界を眺めることだけにとどまるものではない。ある事柄を複数の立場から読み解きながら，自分とは異なるもう一つの立場から，とりわけ日々の生活のなかで「聴きとられていない小さな声」の側から捉え直し，「なぜそのような事柄が起こりうるのか」を問いながら，民主的公共空間を編み直そうとすることを意味している。

塩崎義明の学級（小学校3年）には，中国から編入してきた日本語のしゃべれない周がいた（塩崎，1994）。「漢字マメテスト」に取り組み，全員合格を目指すが，当然周は合格できない。その取り組みを総括する学級総会での話し合いは，「漢字がわからなくてもしかたがない」「日本の漢字を覚えるべきだ」と

いった点に終始しがちになり，子どもたちは，周がどのような気持ちで学校に来ているのかに目を向けられないでいた。そこで塩崎は，「周は覚えたいと思っているのか」「とってもつらい思いをして勉強しているんじゃないか」，しかし「周が一生懸命練習するのは，いい点をとりたいからではなく，みんなの仲間になりたいからではないか」と問いかけ，話し合いを深めている。「自分たちと同じようにできるか・できないか」をものさしとして周のことを見ることしかできなかった子どもたちが，周の「聴きとられてこなかった声」に応答しながら，周とのかかわり方を漢字の学習を通して考え合っている。

　小川嘉憲は，総合学習「労働と生き方をさぐる」（中学校2年）において，職場体験をもとにディベートの論題を子どもたちと立て，共同で調査し，討論する授業を行っている。論題の一つに「都市部では農業は要らない」が設定される。職業体験の感想に，「しんどい，汚れる，儲からない」農業よりも「田んぼをつぶして駐車場にする」と書いた子どもの言葉から，この論題が設定される。子どもたちは，都市に住む消費者としてのものの見方や考え方を「標準」として農業問題に迫りがちになる。しかし，この授業を通して，子どもたちが生活のなかで周縁化しがちになる生産者の立場から労働の価値や農業問題について考えること，さらにその背後には食料問題や環境問題があることを発見し，それに応答していくことを学んでいる（小川，2009）。

（3）「アンラーン」する学びをつくり出す

　批判的リテラシー論のもう一つの特徴は，子どもたちがすでに身につけ自明視している対象世界についての認識を問い直しながら，対象世界との新たなつながりを不断に選択し直していく学びをつくり出すことにある。日常生活や学校における授業での学びの過程は，知識や技能を学ぶとともに，あるものの見方や考え方を学び，身につけていく過程でもある。リテラシーの形成は，一方でそのような側面をもつ。それに対して批判的リテラシーの形成では，すでに学んでしまった対象についての「見え方」や「語り方」を問い直すように学ぶ過程をつくり出すことである。そのような学びのあり様は，「アンラーン」(unlearn) と呼ばれ，次のように定義されている。

アンラーンというのは，学ぶことによって捨て去ることを意味する。勉強しないということではなくて，すでに学んでしまった認識や偏見を捨て去ることを意味する。関係をつくるとか，繋がるということとかかわって言えば，これまでの世界とのかかわり方，つながり方を捉え直し，変えていくことを意味する。
　　　　　　　　　　　　　　　　　　　　　　　　　　（子安，2006：183）

　たとえば柏木修は，国語の授業（中学校１年）で「ホームレス問題」を学習した後に子どもが書いた感想文を用いて，紙上討論を行っている。「自分が計画的に生活していないから失敗してしまうんだ」という感想文と，それとは対照的な感想文を子どもたちに示し，どちらに賛成かをめぐり紙上討論を繰り返している。教師が価値観を押しつけてしまうのではなく，紙上討論を繰り返し，異なる世界の「見え方」に出会う過程のなかで，子どもたちが「自己責任」という発想に依拠しがちな自分たちの世界の「見え方」「つながり方」を捉え直していく学びが構想されている（柏木，2010）。
　批判的リテラシーの形成過程は，すでに学ばれた世界や他者や自己の「見え方」「語り方」に囚われてしまうのではなく，多様な他者や出来事との出会いのなかで，それを問い直すように学ぶことで，世界や他者や自己との多様なつながり方を探索していく学びがつくり出される過程でもある。

4　学力・リテラシー形成と子どもの自己物語の再構築

　教室は，多様な物語が葛藤する場である（クランディニン，2011）。学力・リテラシー形成の場としての授業も，学習対象の見え方をめぐり，子どもたちの多様な物語が葛藤する。
　鈴木和夫の実践記録には，「ごんぎつね」のストーリーに抵抗するムーという子どもが登場する（鈴木，2005）。ムーにとって，「ごんぎつね」に描かれた「ごんと兵十の物語」は「つまらない」と批評されるのである。ムーは，教室でのトラブルを通して他者とかかわって生きることの大切さを，切実さをもって感じとっていた。そのような自己の物語を支えとするムーにとって，弱さを

抱え合うごんと兵十とが，出会うことなくすれ違ってしまう物語は，「つまらない」物語と意味づけられたのである。

　まず第一に，教室のなかの葛藤は，教師や子ども間の葛藤としてあらわれている。「ごんぎつね」をテキストに即して読んでいく多くの子どもたちにとって，ムーのつぶやきは「まちがい」なのである。しかし，鈴木は，ムーが「つまらない」というわけを聴きとっていくように授業を進めている。また，鈴木は放課後の班長会で，なぜムーは「つまらない」と読んだのかを話し合い，その声の背後には，他者とかかわって生きるムーの願いがあることを読みひらいている。「つまらない」というムーの声は，多層的なものとして読みひらかれている。授業のなかで子どもたちによって表明される差異や抵抗を承認し，その声が聴きとり合われる関係や仕組み，さらにはそれを可能とするような教室文化の創造が進められているのである。

　第二に，教室のなかの葛藤は，「ごんぎつね」という教材とムーとの間にあらわれている。学校がもつ文化や学校で教えられる教科内容は，直接的に子どもに受け入れられるのではなく，それぞれの子どもが生きる物語と接触し，時に子どもからの「抵抗」を生み出す場合もある。作品の仕掛けに即してテキストを正確に読む読み方に授業を収斂させてしまうのではなく，いまを生きる子どものコンテクストの側から問いを発し，子どもたちが批評していく読み方がそこにはある。「ごんぎつね」がその子どもにとってもつ「意味」が重要視されているのである。そのような読み方が承認されるからこそ，その授業は同時に，「ごんぎつね」というテキストを読みながら，ムーが支えとする物語を問い返す学びにつながっている。学力・リテラシー形成が，教科内容の正確な理解や習得に向かうだけではなく，また生活現実や科学・文化の世界の単なる批判的な検討に向かうだけでもなく，子どもたちが支えとする物語の構築や再構築といかに結びつくかが課題となるのである。

　科学の知が一般性や普遍性のある知を追究するのに対し，物語の知は人生の物語を綴る「私」が，遭遇する出来事と出来事とを結びつけ，筋立て，意味づけ，また意味づけ直す行為を重要視すると言われるように（野口，2002），物語の知への着目は，学びの世界が学ぶ「私」とつながる回路をつくり出す。学力

テストが広がりをみせる時代においては，学力を数量的に捉える思考様式や学力・リテラシーを効率的に向上させる手法が広がりをみせ，子どもたちから語り出される物語は，余分なものと位置づけられがちとなる。しかし，目に見えやすい成果に囚われてしまうのではなく，学力・リテラシー形成が，子どもの自己形成といかに結びついているのかを捉える視点が重要となる。その際の一つの手がかりとなるのが，子どもたちの生きる物語と学習活動とがどのように往還しているのかを問う視点である。子どもたちの声を聴きとり，子どもが支えとする物語を立ち上げ，豊饒化させていく学びをつくり出していくこと，さらには子どもたちが生きる物語と響き合い，時にそれを再構築していく学びを探究していくことが求められている。

学習課題

（1）PISA調査によって提起された「リテラシー」には，どのような特徴があるのだろうか。これまでの調査結果報告書をもとに考察してみよう。

（2）本章で取り上げた教育実践記録を収集し，本章の内容を手がかりにしながら，それぞれの実践記録でどのような学力・リテラシー形成が，どのような教育方法の下で行われているのかを検討してみよう。

（3）学力・リテラシー形成の場が，子どもたちにとって意味を伴う学びの場になるためには，どのような観点をもって授業や学びを構想する必要があるのだろうか。グループで話し合ってみよう。

参考文献

岩川直樹「教育における『力』の脱構築――〈自己実現〉から〈応答可能性〉へ」久冨善之・田中孝彦編著『希望をつむぐ学力』明石書店，2005年。

小川嘉憲『優しい学校はいかが？――どの子も行きたくなる学校をめざして』文芸社，2009年。

小柳正司『リテラシーの地平――読み書き能力の教育哲学』大学教育出版，2010年。

柏木修「ホームレス問題をどう考えるか」全国生活指導研究協議会編『生活指導』No.681，明治図書，2010年8月号。

国立教育政策研究所編『生きるための知識と技能2――OECD生徒の学習到達度調査

（PISA）2003年調査国際結果報告書』ぎょうせい，2004年。
子安潤「批判的な学びの道と社会参加」全国生活指導研究協議会常任委員会編『学びと自治の最前線』大月書店，2000年。
子安潤『反・教育入門――教育課程のアンラーン』白澤社，2006年。
里見実『パウロ・フレイレ『被抑圧者の教育学』を読む』太郎次郎社エディタス，2010年。
佐貫浩『学力と新自由主義――「自己責任」から「共に生きる」学力へ』大月書店，2009年。
塩崎義明「能力主義を相対化する進路指導――みんなちがって，みんないい」全国生活指導研究協議会編『生活指導』No.478，明治図書，1994年12月号。
鈴木和夫『子どもとつくる対話の教育――生活指導と授業』山吹書店，2005年。
竹川慎哉『批判的リテラシーの教育――オーストラリア・アメリカにおける現実と課題』明石書店，2010年。
D.ジーン・クランディニン他著，田中昌弥訳『子どもと教師が紡ぐ多様なアイデンティティ――カナダの小学生が語るナラティブの世界』明石書店，2011年。
ドミニク・S・ライチェン／ローラ・H・サルガニク編著，立田慶裕監訳『キー・コンピテンシー――国際標準の学力をめざして』明石書店，2006年。
中野譲「川との語り合い」全国生活指導研究協議会編『生活指導』No.582，明治図書，2002年9月号。
野口裕二『物語としてのケア――ナラティヴ・アプローチの世界へ』医学書院，2002年。
パウロ・フレイレ，小沢有作他訳『被抑圧者の教育学』亜紀書房，1979年。
原田真知子「ポケモンたんけんたい！」全国生活指導研究協議会編『生活指導』No.561，明治図書，2001年1月号。
松下佳代「リテラシーと学力」教育科学研究会編『教育』No.729，国土社，2006年10月号。
百瀬あきら「子どもたちが求めている学びって」全国生活指導研究協議会編『生活指導』No.596，明治図書，2003年10月号。
渡辺恵津子「系統性を超え学びのバイパスをつくる――九九を覚えていなくてもわり算はできる」岩川直樹，汐見稔幸編著『「学力」を問う――だれにとってのだれが語る「学力」か』草土文化，2001年。

(黒谷和志)

第3章 これからの学校と
カリキュラムづくり

　本章では,「学校は,これからのカリキュラム(＝教育課程)づくり(編成・開発)にどのような視点で取り組んでいくべきであるのか」という視点から,このテーマを考える。カリキュラムとは,何のために(教育目標),どのような内容(教育内容)を,どのような方法(教育方法)で教えていくのか,という学校の教育活動の全体計画であり,学校の教育理念がそこに反映されている。したがって,どのような視点からカリキュラムをつくるのかを問うことは,これからどのような学校をめざすのかを問うことと密接に関わっている。

　本章では,まず,学校におけるカリキュラムづくりの現状について考える。次に,学校がカリキュラムづくりにあたって考えるべき諸課題について検討する。そして,最後に,これらを踏まえて,今後学校がカリキュラムづくりを進めていく際に必要な視点について提起したい。

1　カリキュラム編成・開発が求められている現状と課題

(1) 特色ある学校づくりとカリキュラムづくり

　「カリキュラムをつくる」というとき,私たちは,新しい教育内容や指導法についての研究に取り組むカリキュラム開発をイメージすることが多いのではないだろうか。それは,文部科学省が,学校や地域に新たな指導法や教育内容に取り組むカリキュラム開発を依頼する研究開発学校制度があるからである。しかし,どの学校も毎年,その学校の年間指導計画を考えるという形でカリキュラムを編成している。その意味では,カリキュラムをつくることは学校の教育活動の一環として常に行われているものである。

　学校独自のカリキュラムをつくることが強調されたのは,「ゆとり」のなかで「生きる力」を育むことを提起し,特色ある教育や特色ある学校づくりを各学校に求めた平成10年度版の『学習指導要領』からであった。特に,この時に

新たに設定された「総合的な学習の時間」では，他の教科のように細かなねらいや内容が示されておらず，それぞれの学校が創意工夫を生かして，この時間のカリキュラムを新たにつくることが求められていた。

このような特色ある教育や特色ある学校づくりが求められたのは，教育課程の基準を弾力化して，各学校がより自由に教育を展開できるようにし，個性を生かす教育を行うという考えがあったからである。それによって，これまでの画一的な教育を改め，子どもたちの「生きる力」を育むという意図もあった。文部科学省が当時出したパンフレット「教育の構造改革　画一と受け身から自立と創造へ」（2003年）では，「確かな学力の向上は，国民一人一人の自己実現を図る上で，また，我が国の競争力の基盤として最重要であり，画一的な方法を改めることが必要」と指摘している（文部科学省，2003）。

現行の平成20年度版『学習指導要領』でも，創意工夫を生かした特色ある教育活動が引き続き求められており，そのために教育課程の基準の一層の弾力化が進められている。現行の学習指導要領で示されている各教科や活動の内容は，すべての児童生徒に対して指導するものとされる一方で，学校において特に必要がある場合には内容をさらに加えてもよいとされており，「最低基準」という性格を強めている。また，これによって，各学校では発展的内容を教えることや習熟度別授業・学級編成，さらに多様なカリキュラムをつくることが可能となっている。

（2）背景にある1990年代の公教育の構造的な転換

しかし，こうした特色ある教育や特色ある学校づくりが，新自由主義的な教育改革の文脈のなかで展開されている点に注意する必要がある。なぜなら，ここで求められている学校のカリキュラムづくりの方向性には問題点があるからである。

1990年代に始まった新自由主義的な教育改革では，これまでに行われてきた公教育は「非効率」であるという認識に立ち，公教育の「画一性」を批判して，「平等性」の側面の縮小と共に，「多様性」の推進を志向していた。具体的には，教育の市場化を進めて公教育そのものを縮小すると共に，競争原理を導入して

教育の質の向上をめざす施策や，規制緩和により公教育の多様化を進める施策が提起されていた。先述したパンフレット「教育の構造改革」を例にとれば，「多様性」と「選択」の重視の施策（小中学校選択の自由の拡大や高校の学区の自由化，中高一貫校や単位制高校などの後期中等教育の多様化）や「個性」と「能力」の尊重の施策（「一人一人の個性や能力に応じた指導」のための習熟度別指導や発展・補充的な学習の充実）などに具体的に表れている。

　このような新自由主義的な教育改革が進められた背景には，多国籍企業化（経済のグローバル化）のための人材育成という財界の要求がある。これは1980年代に「教育の自由化」を掲げた臨時教育審議会（1984～87年）の路線を引き継ぐものでもあった。1990年代の財界は，日本経営者団体連盟（日経連）『新時代の「日本的経営」』（1995年）に見られるように，多国籍企業化に対応した経営のために，従来の雇用体制（終身雇用，年功序列など）を見直し，労働力の再編と新たな雇用体制の構築を進めていた。そして，この新たな雇用体制に柔軟に対応し，多国籍競争に勝ち抜くための能力のある人材（創造的な人材）の育成を必要としていた。そのため，現行の公教育体制が非効率であるという認識に立って，公教育の縮減による教育費の節減と，その枠の下で先端産業の技術開発やエリート養成への重点投資のための格差的，効率的教育体制づくりを進めることを要求していた（渡辺，2002：213-225）。日経連の「『学校』から『合校』へ」（1995年）をはじめ，経済団体連合会「創造的な人材の育成に向けて」（1996年），社会経済生産性本部・社会政策特別委員会「選択・責任・連帯の教育改革」（1997年）や21世紀日本の構想懇談会「日本のフロンティアは日本のなかにある―自立と協治で築く新世紀―」（2000年）などでは，この財界の要求を反映した教育のスリム化，教育の多様化，教育の自由化と称する公教育全体の縮減と格差的教育体制の構築が提言されている。

　これらの財界の要求は，教育にどのように反映されたのか。それは，平成10年版の『学習指導要領』編成時の教育課程審議会の三浦朱門委員長の発言に端的に示されている。彼は，「ゆとり教育」による学力低下の傾向を肯定し，「ゆとり教育」の本当の目的はエリート教育であるという主旨の発言をしている（斎藤，2000：40-41）。

こうした経緯や状況を見れば，現在求められている特色ある教育や特色ある学校づくりが，公教育の縮小と教育の市場化，そして格差的教育の推進にも通じており，カリキュラム編成の際に注意が必要であることは明らかである。そのため，学校・教師は，カリキュラム編成の主体であることを自覚し，子どものための教育とは何かを常に問いながらカリキュラムづくりを進めていく必要がある。

2　カリキュラム編成・開発としての学校・教師

（1）カリキュラム開発・編成の主体としての学校・教師

　そもそも，学校と教師は，戦後一貫してカリキュラム編成・開発の主体として位置づけられてきた。1947（昭和22）年に刊行された『学習指導要領（試案）一般編』の序論「一　なぜこの書はつくられたのか」では，戦前の各学校のカリキュラム編成と教育実践が国家的な統制の下で展開されたことへの反省と，民主的な国民を育てる教育への新たな出発の決意が示され，学校と教師が中心となってカリキュラム編成・開発をする必要性が述べられている。その意図は，当時の学習指導要領が，現在のような「告示」という形ではなく，「試案」という形で示されていたことにも表れている。

　「試案」では，学習指導要領を「これまでの教師用書のように，一つの動かすことのできない道をきめて，それを示そうとするような目的でつくられたもの」ではなく，「新しく児童の要求と社会の要求とに応じて生まれた教科課程をどんなふうにして生かして行くかを教師自身が自分で研究して行く手びき」として作成したことが説明されていた（文部省，1947）。つまり，学校そして教師がカリキュラム編成・開発の主体として積極的に位置づけられていた。

　したがって，学校が各教科のカリキュラム（教科課程）を編成・開発していく際に必要な視点や編成の方法などが中心に示されており，現在の学習指導要領よりもカリキュラム編成を学校や教師に委ねる性格が強いものであった。また，この「試案」では，カリキュラムを「社会の要求によって考えられるべきものであり，また児童青年の生活から考えられるべきものであるから，社会の

変化につれて，また文化の発展につれて変わるべきものであるし，厳密にいえば，その地域の社会生活の特性により，児童青年の地域における生活の特性によって，地域的に異なるべきもの」だと捉えていた。そして，「教育が地域の社会に適切なもの」となるために，学校や教師が，地域の社会生活から教育の目標を絶えず見直し，地域の子どもの生活を考えながら，カリキュラムを編成していくことを期待していた（文部省，1947）。学習指導要領が「試案」として出された時期には，たとえば，川口プランや本郷プランなど，地域の教育課題に基づき，地域独自の教育課程を編成する動きが盛んに見られた。

　カリキュラム編成・開発の主体が学校や教師であるという視点は，昭和33年の学習指導要領が「告示」となり，国家的な基準性・法的拘束性をもつものになった後も，学習指導要領の総則内で示されてきている。しかしそれにもかかわらず，1950年代後半から「教育課程の自主編成」運動が，日本教職員組合を中心に展開された。「自主編成」と名付けられたのは，カリキュラム編成への行政的介入によって，カリキュラムづくりの主体である学校や教師の役割が形骸化されてきたことへの批判があったからである（平原，1990：196-198）。

（2）カリキュラム編成の三つの層

　現行の『小学校学習指導要領』の総則の「第一　教育課程編成の一般方針」の冒頭には，「各学校においては，教育基本法及び学校教育法その他の法令並びにこの章以下に示すところに従い，児童の人間としての調和の取れた育成をめざし，地域や学校の実態及び児童の心身の発達の段階や特性を十分考慮して，適切な教育課程を編成するものとし，これらに掲げる目標を達成するよう教育を行うものとする。」と示されている。これは，中学校，高校もほぼ同じ表現になっている。また，学校教育法施行規則では，各学校段階の教育課程において編成すべき教科や活動が明記されるとともに，各学校の教育課程の基準が，文部科学大臣が別に公示する学習指導要領（あるいは幼稚園教育要領）によるものであることが明記されている。

　ここで重要なのは，「試案」から「告示」へと学習指導要領が変わって以来，学習指導要領は国が示す教育課程の基準として法的に位置づけられている点で

ある。つまり，国家的基準に基づいて，学校や教師によるカリキュラムの編成と開発が行われるという構造となっているのである。このように見てくると，カリキュラム編成・開発は，以下のような三つの層から捉えることができる（以下，柴田，2010：3-12；城丸，1992：11-18，に基づく）。

　第一は，国家的レベルの政治的・経済的・社会的要求によって編成・開発されるカリキュラム（国ないし地域レベル）である。これらは，法令等による国家的基準の形で示されるものや，地方教育委員会の指導助言などの形で示されるものがあり，政治的な決定に基づいてつくられる性格をもっている。先に見たように，学習指導要領がその一つにあたる。しかし，この国レベルのカリキュラムは，第1節でも見たように，政治的な決定の過程で，政財界や産業界等からの政治的・経済的・社会的要請に応える性格を強くもつ傾向がある。したがって，これらの政治的・経済的・社会的要請を常に子どもたちの側から問い直し，「子どもの最善の利益」を追求するカリキュラム編成・開発になるように改善していくことが求められる。

　第二は，学校で教職員の合議により編成・開発されるカリキュラム（学校レベル）であり，主として学校の年間計画として具体化されるものである。政策レベルで作成されるカリキュラムは，学習指導要領のように大綱的基準の性格を有し，抽象的なものである。実際，学習指導要領では，各教科の目標，学年ごとに教える教科内容，指導上の留意点などが主として書いてあるだけであり，これをそのまま実行することはできない。そこで，この学習指導要領に基づきながら，各学校の教職員が，各学校や地域の実態また様々な教育研究の成果も参考にして，具体的な計画を作成しなければならない。しかし，実際には，学習指導要領に準拠した教科書と教科書会社が示す指導計画に基づいたものとなる傾向がある。

　第三は，個々の教師が計画し，実施するカリキュラム（教室レベル）である。主として，各教師が日々の授業を行うために立てる具体的な単元計画や指導計画がこれにあたる。国レベルや学校レベルで作成されたカリキュラムを具体的に実行するのは，一人ひとりの教師である。つまり，教室にいる子どもたちに応じながら立てられる具体的な教育計画とそれに基づいて行われる教育活動が

なければ，国や学校レベルのカリキュラムも実現されることはないとも言える。

　また，教師は，目の前にいる子どもとの関係のなかで，国や学校レベルのカリキュラムを彼らにふさわしいものへと常につくりかえている。その意味では，教師は常に子どもと共にカリキュラムをつくっているとも言えるだろう。子どもと共にカリキュラムをつくるために，教師には，常に目の前の子どもの姿から彼らに必要な教育のあり方を考え，適切なカリキュラムづくりを日々進めていこうとする姿勢が求められるのである。

3　学校が直面している課題とこれからの学校

（1）学校の社会的位置づけの変化：学校で学ぶ意味の変容

　カリキュラムをつくる際に最も考えなければならないのは，子どもの学ぶ意味の喪失にどう対処するかという点である。これは，90年代の「学級崩壊」や「学びからの逃走」（佐藤学）と呼ばれた現象でも問題にされてきたが，今日もなお問われなければならない重要な課題である。そのために，まず子どもたちがどういう意識で学んでいるのかを国際学力調査のデータから考えてみよう。

　数学的リテラシーを主として調査したOECD（経済協力開発機構）による2003年のPISA調査では，日本の15歳の子どもたちが，どのような意識で数学を学んでいるのかが示されている。調査では，日本の子どもは，数学そのものへの興味・関心や楽しみに関する肯定的な回答や，数学における道具的動機付け（将来の仕事に役立つから学ぶ，これからの自分に必要だから学ぶなど）への肯定的な回答が，国際的な平均と比べても著しく低い結果となっている。また，それだけでなく，数学における自己概念の低さや数学における不安などが，国際的な平均と比べても高いという結果も示されている（国立教育政策研究所，2004：122-147）。

　これらのデータから，学校で学ぶことそれ自体が子どもにとって意味のあるものや役に立つものと受け止められていないことが読み取れる。その背景には，学校の社会的な位置づけが変化していることが考えられる。

　これまでの学校は社会的にも重要な位置にあった。それは，1960〜70年代の

企業社会の成立とともに標準化した日本的雇用システム（新規学卒者定期採用，年功序列・終身雇用，日本型配置転換）によって，「学校から仕事へ」というルートが確立され，学校が企業社会への入職経路において決定的な位置を占めるようになったからである（乾，1990）。その結果，良い学校へ進学することが良い企業への就職につながり，安定した豊かな人生が保証されるという人生設計のモデルが一般化し，「学校を出ること」が重視されていった。
　この「学校を出ること」の重視では，知識の獲得度合いの競争（偏差値獲得競争）と学校の程度の判定（学歴競争）とが連接していた。そのため，学校の知識をより多くため込み，それを基により良い学校へと進学するための受験競争の過熱化が引き起こされ，学校で学ぶことが手段化されていった。知的好奇心や知的欲求から学ぶことよりも，うまく学校をくぐり抜けていくために知識を得ることが重視される傾向を生んだのである（中西，1998：97-103）。
　知的好奇心や知的興味から学ぶことができなくても，「学校を出ること」が将来の生活を保証している間は，子どもたちはそれ自体を学ぶことの意義として捉えることができていた。しかし現在は，先述の多国籍企業化（経済のグローバル化）の進展による労働力の再編と新たな雇用体制の構築が進んだ結果，「学校を出ること」の意味それ自体が疑われるような事態が生まれつつある。若年層の非正規雇用が広がるなかで，「良い学校を出ることで人生が保証される」という従来の人生設計のモデルを，多くの子どもたちが共有できない状況が広がりつつあるのである。
　加えて，情報消費型社会のなかで，学校で教えられている内容を学校以外のサービスや場所で容易に得られる状況も広がっており（中西，1998：111以下），ますます学校で学ぶことの意味が子どもからは見えにくくなっている。

（2）学校という場を転換する
　教育システムは，二つの機能を果たしている。一つは，社会化機能と呼ばれるものであり，もう一つは，（人材）配分機能と呼ばれるものである。社会化機能とは，ある内容を教える・伝えることによって「学校がそこで学ぶものを別の存在に変える，という機能」であり，配分機能は，「カリキュラムや学校

類型の分化，評価と選抜などを通して，教育システムがそこで学ぶ者を社会の様々な部分に振り分けてゆく機能」である。両者は教育システムにおいて不可欠な存在であり，密接な関連をもっている（広田，2004：11-14）。

　学校という場は，この教育システムが果たす二つの機能に応じて二つの役割を担っていると捉えることができる。一つは，一人ひとりの子どもの個性を育て，可能性を引き出して，子どもを社会的存在へと成長させる役割（人格形成）であり，もう一つは，現在の社会を維持し支えていくための人材を育て，その人材を選別してふさわしい場所へと配分する役割（人材養成）である。

　問題としなければならないことは，新自由主義的な教育改革のなかで学校が果たしている配分機能の内実である。第1節でも述べたように，「ゆとり」教育では，エリート教育に力を注ぐ一方で，学力低下も容認する思想をもっていた。その思想は，学校で学ぶことが，一部の子どもにはエリートとしてさらなる階層上昇を志向する受験競争へと駆り立てる一方で，それ以外の多くの子どもたちには，早期に学ぶことを諦めさせて，非正規雇用や不安定就労など「社会的弱者」として社会の最下層へ追いやることを容認するものでもあった。近年，貧困と学力や学習意欲の関係が指摘されているなかで，貧困によって学校での学びから排除されたり，学ぶことそれ自体から撤退させられている子どもたちの存在を考えると（岩川・伊田，2007），後者の点は無視できない問題である。

　このように考えれば，子どもたちの学ぶ意味を取り戻すためには，現在の学校が果たしている役割や教育活動を見直し，子どものためにどのようなカリキュラムを編成していくのかを追求しなければならない。特に，新自由主義的な教育改革で求められている人材を育成する場としての学校の役割を批判的に問い直し，自分たちを含めた多くの人びとが幸福に生きられるように，国家・社会をより良いものへと主体的につくりかえていく力を備えた人間を育てる場へと，学校をつくりかえていくことが重要だろう。

　そのためにも，学校や教師には，子どもたちが生きている現実に対して，学校では子どもたちにどういう力を身につけさせなければならないのかを問い，その視点から必要な教育内容を追求しながらカリキュラムを編成・開発してい

くことが求められる。具体的には，子どもたちが生活現実のなかで直面している諸問題や課題，そしてこれから生きていくために考えるべき問題や課題などといった子どもたちの成長・発達の課題の側から，既存の学校のカリキュラムの編成を問い直していくことである。たとえば，要保護（生活保護）と準要保護（就学援助）を受けている家庭の子どもが五割を超える中学校に勤務した河瀬直は，教師集団で子どもたちと保護者の実態と生活背景を分析し，この学校の子どもたちにとって必要な指導のあり方や教育課程編成の基本方針の見直しを進めた実践を報告している（河瀬，2009）。現実的には，このような地道な取り組みから始めていくことが必要だと考えられる。

このように，子どもの現実から教育をつくり上げていくことを通して，学校を生きる希望と展望を子どもに与えられる場所にしていくことが，今後ますます重要となるであろう。

4　これからの学校とカリキュラムづくりに向けて

（1）カリキュラム編成・開発をどう進めるか

学校・教師によるカリキュラムづくりは，学習指導要領や教科書によっておおよその枠組みが定まっているなかで行われているのが現実である。しかし，目の前の子どもの現実からこうした枠組みのなかでつくられているカリキュラムを見直し，カリキュラムをつくりかえていくことが試みられなければならない。

その際に重要なのは，第2節でも述べたように子どもの生活からカリキュラム編成・開発を考えるという原点に立ち戻ることである。具体的には，子どもたちの現在の生活とこれからの生活の両方を視野に入れた学びを位置づけたカリキュラムを構想し，生きる希望と展望を子どもに与えられる場所になるような学校づくりを進めることである。

そのためには，子どもの生活から学びをつくるという視点でカリキュラム編成を考える必要がある。子安潤は，子どもの生活から学びをつくる意義として，子ども自身と関係のある物事が学びの対象となることで，現実が自身と関わり

のあるものとして意識化されていくこと，子どもたちが働きかけ可能で変更可能なものとして生活を対象化できること，大人たちや教科書にあるようなものの見方をひっくり返したりとらえ返す学びが生まれること，の3点を指摘している（子安，2010：49-52）。

このように，子どもの生活現実を学びの対象とすることは，子どもたちが学ぶ意味を取り戻す上でも，現在の生活現実に対抗できる文化や世界を築き上げていく契機を子どもたちがつかんでいく上でも重要になるだろう。

また，子どもたちの生活から学びをつくる過程では，貧困の問題は避けては通れないだろう。子どもたちと共に彼らの生活を考える学びでは，彼らの生活現実のなかにある貧困の問題が学びのテーマとなることも多いからである。教師たちは，この貧困の問題が子どもたちから学ぶ意欲や生きることへの希望を奪っていることを発見し，こうした状態から子どもたちが解放されるような学びを模索するなかで，子どもにとって意味のある学びをつくり上げている（全国生活指導研究協議会，2011）。したがって，これからの学校は，この貧困の問題と対峙していくことも課題としていかなければならないだろう。

以上のことを踏まえ，次に小川嘉憲の総合学習のカリキュラムづくりを例にしながら，今後のカリキュラムづくりに必要な視点を具体的に考えたい。

（2）小川の実践から学ぶ

小川は，「『学ぶこと』が，家族と地域から出てゆき，『良い学歴によって良い会社に』というますます現実性のない道への手段として閉じこめられている今，『生まれ育った地域で働いて主権者として生きる道』を切りひらく学習が，公立中学校の責務である」と考え，「地域で生きること・職に就いて働くこと」をテーマにした総合学習をつくろうとしている。そのための視点として，①「生徒たち自身が事実や現実から問いを立てる学習をすすめること」，②「実際の物や人に働きかける体験・行動を重視すること」，③「地域に生きて働く大人との出会いを大切にすること」，④「知識のため込み学習だけでなく，共同の学びをつくること」の4つを学年教師間で確認しながら，「進路学習＝生き方学習」となるような中学校3年間の「総合学習」のカリキュラムを編成した。

具体的なカリキュラムは,「『総合的な学習』実施計画」に見ることができる。

1年生の学習の主題は,「様々な地域とそこに生きて働く人に出会い,地域と働く人に学ぶ」(テーマ「働く人と地域に学ぶ」)で,農山村体験学習(4～6月),「校区白書」づくり(7～10月),働くことを考えるディベート(11,12月),働く人にインタビュー(1～3月)が行われる。

2年生の学習の主題は,「労働現場と働く人に出会い,労働と生き方をさぐる」(テーマ「労働と生き方をさぐる」)で,生徒全員が参加する地域での職場体験学習「トライやる・ウィーク」と関連づけながら計画されている。職場体験学習前に行われる仕事と職場の現実を調べる学習(4,5月),仕事と働く人に出会う職場体験(6,7月),職場体験を深め,交流する学習(9,10月),職場体験から労働と社会をみる学習(11,12月)へと展開されており,職場体験前後に学習を位置づけ,子どもたちに働くことについて問いをもたせるような工夫がなされている。

3年生の学習の主題は,「社会をみつめ,地球をみつめる。そして未来と平和を考える」(テーマ「未来と平和を考える」)で,修学旅行と関連づけた計画が立てられる。西九州の環境・産業・歴史・平和の課題を知る(事前学習)(2年生3月,4月),西九州の環境・産業・歴史・平和問題から現代をみる(5,6月),修学旅行体験を深め私たちの未来と平和を考える学習(7,9月),中学生活から課題を見つけ,卒業論文をつくる(10～12月)という計画であった(以上,小川,2009:70-140)。

小川らの取り組みでは,「問いを立てる」「事実を調べる」「課題を追究する」「交流と討論で考える」という「学び方」を重視しており,最終的には,子どもたちの「意見表明・他者への働きかけ」へと展開されるように構想されている。この構想では,彼らの問いや課題が生まれるための工夫として,子どもたちが,自分たちの生活する地域の人びとと出会ったり地域の現実を発見したりするような具体的な活動や,子ども同士の学び合いなど主体的に考える活動が位置づけられている点が重要である。また,この総合学習のカリキュラムでは,学習のなかでの子どものつぶやきや疑問を大切にしており,それらを積極的に学びのテーマとして計画に位置づけている。たとえば,子どもたちのつぶやき

から，「こんな住みよい村なのに人口が少ないのはなぜ？」「田んぼをつぶして駐車場にした方が儲かる⁉」というテーマが生まれている。カリキュラムどおりに学習が進められるのではなく，学習の過程でカリキュラムが常に見直され，再編成されている点が重要である。

（3）教師と子どもがカリキュラムをつくるために

　先述の小川の実践からは，これからのカリキュラムをつくる上で重要な視点を学ぶことができる。なぜなら子どもの生活から学びをつくることを意識しながら，目の前の子どもと共にカリキュラムがつくられており，そのことによって，子どもにとって意味のある学びがつくりだされているからである。

　子どもの生活から学びをつくる意義は先にも述べたが，そのことによって，子どもたちにとってリアリティのあるテーマを学習の主題に据えることが可能になる。リアリティのあるテーマとは，子どもたちが生きている現実のなかで，興味や関心あるいは疑問を抱いていたり，切実な課題となっているものであり，彼らが，現在そして未来を生きていくことに関わるものである。こうしたテーマが学習に位置づけられることで，「子どもにとって意味のある学びをつくること」が可能になるのである。

　また，リアリティのあるテーマの手がかりは，子どもたちの身のまわりに多く存在する。たとえば，鈴木和夫は，子どもたちの切実な問い（不安や心配事）や子どもたちの文化（アニメなど）を手がかりにした学びを構想している（鈴木，2005）。

　このように子どもの生活現実のなかから学びのテーマが引き出されるとき，カリキュラムが豊かに編成されることが可能になる。そしてカリキュラムは一度編成してしまえばそれで終わりではなく，学習の展開のなかで再編成され続けていくものと捉えることが重要である。上述の取り組みでは，学習の展開のなかで生まれる子どもの問いが次の学習テーマになるなど，教師の構想した枠組みが子どもの声を受けて豊かにつくり直されていく過程が生まれていた。しかも，そのような試みは，総合的な学習だけでなく，既存の教科のカリキュラムでも可能である。小川は，理科の「大地の変化と地球」単元計画を，子ども

たちの阪神大震災の経験を踏まえて見直すことも行っている（小川，2000）。

このように見てくると，教師には，大人が教えたい内容を子どもたちが学びたい内容にしていくという視点だけでなく，子どもたちの学びたい内容を彼らが学び合える内容へと深めていく視点をもつことが今後は求められるだろう。教師自身が，学ぶ意味を子どもと共に発見していこうとして，初めて目の前の子どもと共にカリキュラムをつくるということが可能になるのである。

> **学習課題**
>
> （1） 自分の卒業した学校の特色・特徴について調べてみよう。他の人の学校と比較し，特色ある学校づくりとして展開されている学校のカリキュラムの特徴と傾向について分析してみよう。
>
> （2） 自分の担当する教科に即して，子どもにとって意味のある学びをつくるという視点から，教科の単元計画（教科のカリキュラム）をどのように改善すればよいか考えてみよう。
>
> （3） キャリア教育，食育などの新しい内容のカリキュラムを調べ，そのカリキュラムの意義と課題について考えてみよう。たとえば，どのような視点でつくられているのか，どのような内容が扱われているのか／扱われていないのか，など。

参考文献

乾彰夫『日本の教育と企業社会』大月書店，1990年。

岩川直樹・伊田広行編『未来への学力と日本の教育8　貧困と学力』明石書店，2007年。

小川嘉憲「『関西に地震はない』はウソだった？」全生研常任委員会編『学びと自治の最前線』大月書店，2000年。

小川嘉憲『優しい学校はいかが』文芸社，2009年。

河瀬直「子どもや親の生活を『肌で感じる』ことから始まる」『生活指導』2009年6月号，明治図書。

国立教育政策研究所編『生きるための知識と技能②　OECD生徒の学習到達度調査（PISA）2003年調査結果報告書』ぎょうせい，2004年。

児美川孝一郎『新自由主義と教育改革』ふきのとう書房，2000年。

子安潤『反教育入門（改訂版）』白澤社，2009年。
子安潤「子どもの生活から授業をつくる」岩垣攝・子安潤・久田敏彦『教室で教えるということ』八千代出版，2010年。
斎藤貴男『機会不平等』文藝春秋，2000年。
佐藤学『「学び」から逃走する子どもたち』岩波ブックレット，2000年。
柴田義松・梅原利夫編『教師と子どもでつくる教育課程改革試案』日本標準，2007年。
柴田義松『柴田義松著作集3　教育課程論』学文社，2010年。
城丸章夫『城丸章夫著作集第8巻　教育課程論』青木書店，1992年。
鈴木和夫『子どもとつくる対話の教育』山吹書店，2005年。
第一特集「子どもが生活現実を問い直す——〈貧困〉問題に関わって」全国生活指導研究協議会編『生活指導』2011年6月号，明治図書。
中西新太郎『情報消費型社会と知の構造』旬報社，1998年。
平原春好「教育課程の自主編成」『新教育学大事典　第2巻』第一法規，1990年。
広田照幸『教育』岩波書店，2004年。
文部省『学習指導要領（試案）一般編』1947年。
文部科学省「教育の構造改革」『文部科学時報』2003年8月号，ぎょうせい。
渡辺治「いまなぜ教育基本法改正か？」『ポリティーク』Vol.5，旬報社，2002年。

（高橋英児）

第4章 新しい学びの構想と授業づくり

　　　　　グローバル化社会，多文化共生社会，知識基盤社会などと特徴づけられる社会において，「自ら学び，自ら考え」生きる子どもを育てていくための「新しい学び」とは何か。単なる断片的知識の記憶と再生の学びとも，「正答」を競い合う，探り合う学びとも，また「体験」あって学びなしと言われるような学びとも違う，どのようなものとして考えるのか。そして，その「新しい学び」を実現していくための授業をどのように構想して，授業づくりを図っていくのか。そのために必要とされる要件とどのように「向き合い」，どのような点を踏まえて授業へと展開していくのか。
　　　　　上記のような新しい学びの構想と授業づくりの課題について，教科内容・教材解釈・教材研究の観点，子ども・学習者（集団）の観点，授業過程の進行・展開の観点，学習指導案への結実の観点から論究していきたい。

1　社会と向き合う新しい学びとは

　現在，進展しつつある社会の諸特徴と対応させながら「新しい学び」とは何かを整理すると，次のような学びが考えられる。

（1）グローバル化社会・多文化社会においての「開かれた学び」

　まず，学びは個人の思考や活動を中心とした営みであるが，単に個人を単位に孤立して孤独に閉じられた営みではなく，他者へと開かれたものであることが必要とされる。というのも，「自立の促進」「個性の尊重」「自己責任」などの耳触りのよいことばのもとに，依存やかかわりを退けた自立，関係次元において捉えられることのない個性，支えたり励ましたりすることを良しとしない自己責任が，結果として個と集団，学習集団として「かかわり合う」関係性を遮断してしまい，子どもたちの学びを閉じられたものとし，他者とのかかわりを拒否し嫌悪するような状態にしてしまいかねないといったことが懸念される

からである。これまでも学習集団づくりとしてかかわり合いを通した「開かれた学び」の重要性は，認識の側面から，また集団関係の側面からも指摘されてきたところである。

　次に，学校教育において通常は教科書や副読本，資料やプリント等を中心とした教室内での学びが中心であることに変わりはない。しかし，グローバル化が一層進み，様々な世界観や価値観等を有する多くの文化と接したり，かかわりをもったりする状況がますます広がっていくなか，教科書内，机上に閉じられた学びではなく，地域に開かれ，地域の自然や社会，学校とは異なった様式で知が息づき働いている場や状況，環境に身をおいて体験しながら，またICT（Information and Communication Technology）の活用を含めてそれらを教室での学びと結びつけ，相互に広げていくことによって知の体験的生成を図っていくことが求められる。開かれた学びということで，さらにいえば，1時間の授業が終わる，一つの活動が達成されたところで終了するのではなく，まさにそこから始まる，既定のカリキュラムや枠組みを越えた子どもの自主的・主体的な学びや活動へと進展していくような広がりが，「開かれた学び」として期待される。

（2）高度情報化社会・インターネット社会において「自分のことば」で語り，表現する学び

　各教科において言語活動が重視されており，教科固有の言語活動の場面が想定されている。たとえば，算数科では考え方や計算の仕方についての論理的な説明，理科では観察や実験を整理した変化の様子の適切な説明，音楽では楽曲のイメージの表現など。そうした各教科における固有な言語活動のなかにあって共通に希求されているのは，「自分のことば」による表現であり，言語活動であり，借りもののそれや自己疎外のことばではなく，まさに「自分のことば」にほかならない。「自分のことば」で語り，表現することは，沈黙を含めた自己内対話の活性化を図り，教科内容に関する認識を明確にし，時にどこがまだ不明なのか，不十分なのかを発見していくことに結びつく。それだけではなく，たとえ十分ではなくても「自分のことば」を通して「語り」，授業に参

51

加していくことは，それを「聞く」「聞いてくれる」あるいは「読む」「読んでくれる」他者を必要とする営みであり，他者との「かかわり」「相互作用」を呼び込みつつ自己を確立していく過程でもある。

　自分と友だち，仲間との「かかわり」において言語活動を有機的，構造的に展開することで子どもたちは教科内容の本質に迫っていく。その過程において，より的確で，正確で個性的な「自分のことば」をさらに豊かに獲得し表現していくことになる。その積み重ねが対話する「もう一人の自分」を自分のなかに育み，子どもの自身の力と独自な個性をつくり上げていくことになり，さらに自分自身に対する自信や自尊感情の育成・高まりにもつながる。

（3）異文化共生社会における「かかわり合い」「集団思考」「集団追求」を通して学ぶ学び

　「かかわり合い」「集団思考」のあり方，方向性に関しては，たんに今日的な知見としてだけではなく，これまでにも教授学研究からの分析や手法による授業・学びの改善・改革の方略としてすぐれて提起されてきている。それは現在の授業改善・授業研究への知見を拓いてきたものともいえる。

　授業展開として，教材を介して「わからない」を含めた子どもたちの多様な意見や解釈が出され，それをめぐって対立・分化しながら真理・真実を求めていく様子が構想される。こうした授業展開の構想は，基本的には決して変わることのない普遍性を有している。ただし，今日，教室には経済的貧困や一人親，不規則な生活など様々な家庭事情を背負った子どもたちが，また，時に海外から帰国した子どもたちが，さらに軽度の障がいのある子どもたちが席を並べて生活し学んでいる光景を見受けることが少なくない。確かに，こうした光景は今に始まったものではないが，学校教育を取り巻く環境や条件等の変貌とも相まって，以前のそれとはかなり違った「格差」として，「不安定さ」や「困難さ」として社会的課題の様相を呈してきている。一方で，それに応える最善の方策と，それぞれのニーズに応じた最も適切な対応が強く求められる。他方では，無視できないそうした生活環境，家庭・地域環境を考慮に入れつつ，それを超えて図れる相互交流，相互理解・相互信頼を築いていくような「かかわり

合い」が，学びを通してこそ求められるのではないか。一人ひとりの思いや考えの土台や背景を含めて，それを大事にしつつ，大事にするからこそ，意見として出し合い，意見と意見の相違がどこにあり，対立点・論点は何かを明確にして，どのように言えば相手が理解できるのか，納得するのかを，粘り強く繰り返しながら解決を図っていく。時には自分の意見が修正されたり，否定されたりするような場面を体験しながら，そこを通過し止揚してコミュニケーションを図り，全員で最善のものを追求していく。

　それによって，多様なものの見方，考え方や感じ方を育み，人として違いを認めながら相互に支え合い，人として共感しながら信頼し合うなかで，子どもたちの望ましい成長・発達が促されていくからである。日常の現実生活がそうであるからこそ，学校においては，それを前向きに生かした生活と学びの世界を豊かに体験させることを考慮していく必要があると言える。

（4）知識基盤社会において内容の「意味を考えた・考える学び」

　教科内容としての概念や法則，構造等を習得するだけ，あるいは教科内容の学び方を学ぶにとどまらず，知識の内実の意味を考えた学び，学び方を学ぶ意味を考えた学び，さらに自分にとっての意味，自然や社会，世界にとっての意味を考えて学ぶ。知識を知識として，あるいはことばだけで機械的に記憶する――たとえば日本の国会は衆議院と参議院の二院制，あるいはその特徴だけを社会科の用語として記憶するにとどめるのではなく，そうした用語がどういう現実を反映しているのか，なぜそのような仕組みになっているのか，どのような問題をはらみ，用語によって何がもたらされるのか，解決されるのかといった意味を考えることに，用語を用語として学び獲得する意義が生じてくる。

　意味を考えないところでは，知識は記憶するしかない。意味を捉えることなしには思考様式は変わらない。意味を考える・考えた学びは，人としての「器」に知識をできるだけ速く量的にため込み増やすことではない。また，知識によってその「器」の形状を変えるだけにとどまらない。これはいずれであっても，「器」の機能は，それに知識をより多く，できるだけ整理して蓄積する「入れ物」でしかない。そうではなくて，いわば「器」の機能性そのもの

を問い直し，質的にもより高度化していくことにほかならない。

　文字や数字の読み方や書き方を習う初歩的な学びの段階から，抽象的な思考や理解，質の高い追求や表現が求められるような学び段階まで，比較的長い学校・学級生活のなかでどのような学びを「経験」するのかは，学びの結果として基礎的・基本的な知識・技能を習得した，あるいは結果だけではなく学び方を学んだといったレベルだけでなく，学びのあり方それ自体や，その意味合いに関する認識を形づくるレベルにまで視野を広げた学びと授業づくりを構想することが望まれる。それが自分で学びを主体的に工夫し，自分なりの学びを創造していく力をつけていくことにほかならないからである。

（5）知識基盤社会における「問い」と「振り返る」学び

　学校は「学問」学ぶ場所であり，学問とは「問い」を学ぶことにある。

　教えることが，覚えることだけではなく考えることを誘う。学びはこの考えることに始まる。そして，考えることの第一歩は「問い」にある。何を問うのか，どのように問うのかが，考えることの方向性と内容とを決定する。問いなくして思考は生じない。問いなくして学びは始まらない。問いなくして理解は生まれえない。問いなくして追求は起こりえない。問いに始まり，それが次なる問いを惹起する。自主的・主体的な学びは，授業のなかだけにあるのではない。むしろ，授業終了時に，さらに追求したい問いの惹起とともに始まる子どもたちの意欲と行動に見ることができる。未だ知らない世界があるということを知り，それがどのような世界なのかを知りたい，わかりたいと思うとき，そこに問いが生じる。なぜなのか，どうしてなのか，何なのかを本質的に問うことの根底には，既知や常識，自明と捉えていた事柄が必ずしもそのようになっていない。つまり，事実や現象，結果がそうしたこととまさに「矛盾」するという意識の生起がある。そこには「わかりたい」という「知的飢餓感」が前提となっていることを忘れてはならない。

　もちろん，問いは立てればいいものではなく，やはり直面する事実や課題に即してなされるべきであり，そうした問いが妥当であったか否かを，問いの追求過程とそれによってもたらされた結果とを関連づけながら吟味し検討する

「振り返り」が必要とされる。一連の追求活動を振り返ることで、過程や結果への評価はもちろんであるが、問いの妥当性・有効性を検証し、その積み重ねがすぐれた次の問いの生成につながると考える。

通常、授業において子どもは、教師からの「問いかけ」を契機としながら教材と対峙し、他の子どもの解釈や意見とかかわらせながら、教科内容の本質へと迫る。その際、教師からの「問いかけ」は、子どもにとって答える対象であっても、それ自体を自覚的・意識的に学ぶ対象とはなっていない。しかし、「自ら学び、自ら考える」子どもを育成しようとするならば、学ぶ・考える起点となり、その方向性を決定づける意味において、どのように「問う」のかということはきわめて重要な課題であり、「問い」と学びの間、さらにそれを「振り返る」学びを問い直すことは、必要不可欠な探求活動となると言わざるを得ない。

2　学びを拓く教材研究と学習者研究

(1) 教科内容と素材・教材 (教材解釈・教材研究)

先に挙げたような、子どもたちの学びをいかに生み出し、どのように組織し展開していくかは、言うまでもなく、学ぶ目的・目標や学ぶ内容とは、無関係にあるのではない。むしろ、教育の目的・目標を見据えながら、文化としての一定の基本的な教科内容と向き合って学ぶことを要請する。

教育目標・教科内容には、その時代や社会の抱える課題、およびそこで生きる者として求められるあり方が課題として反映されている。しかもそれは教師や子どもからは相対的に独立した言語、自然や社会に関する科学や芸術における文化内容としての概念、法則、関連、構造、形象など意味しており、そうした「内容」は、それら自体を直接的に教授することはできない。子どもたちが「追求したいもの」「わかりたいもの」「できるようになりたいもの」として、また「学ぶ価値のあるもの」へと転化させることが求められる。

さらにそこには、授業・学びを通して、教師として何を追求させ、どのような力を獲得させたいのか。それが教師のねがいとして、学習のめあてとしても

堅持される必要がある。

　こうした授業・学びの固有性を踏まえて述べるならば，子どもたちに追求させたい教科内容の本質がよりよく典型化した具体的な「素材」をいかに発見し，また開発していくかが重要となる。そして，それを子どもたちが学び，追求し深めていくことのできる「教材（学習材）」へと加工・教材化していくことが，授業づくりの第一歩であると言える。

　あらゆる物事が「素材」であり，「教材」となりうる可能性をもつ。そのなかには必ず時代や社会の文化が影響し埋め込まれている。多くの場合，物事と文化に対する意識は高いとはいえない。むしろ，看過され，感じ取られることも気づかれることもなく意識外に置かれていることがほとんどである。したがって，意識化して物事のなかに「素材」を見出し，それを「教材」へと加工していく，教師自身の発見・再発見，すぐれた開発・創造がなければ，またそれを通して物事に潜む見えにくい深い意味やつながりを捉え，おもしろいと思うことがなければ，学びを通して実現していきたい子どもが育つような授業を豊かに構想していくことは難しい。教材解釈を含めた教材研究は，物事に対する「教師の知」を問い直し，再構成していく過程でもあり，教材化の過程において教育内容を素材と対峙させながら，再検討し再認識していく過程でもある。

　さらに言えば，1時間や1単元の授業の展開と評価を通して，子どもたちの討論や追求に耐えうる教科内容研究や教材研究であったのかを振り返り，検討し，絶えざる問い直しを図っていくことが課題であると言えよう。

（2）学習者（集団）研究とは

　学校の場合，学習者は子どもであり，子どもの実態や発達特性を踏まえて授業・学びが展開されなければならないとされている。このことに反対する見解はない。「学習者（集団）研究」において，問題は子どもの実態や発達特性の捉え方であり，そのレベルである。教材を提示して授業を展開することを想定した場合，学習者はその教材を手がかりとし，自らの既知・既習，思考の枠組みや関連する経験の構造と結びつけながら，自らの教材に関する「解釈」を形成していく。そのように考えた場合，学習者の既知・既習，思考や経験を「教

材研究」において考慮しておくことが，授業づくりの大事な観点として挙げられる。

　そうした意味で学習者研究が重要なことはいうまでもないが，今日，学習者の思考や経験をどう想定するか，それを一般論で語ることが難しい状況にあると言える。というのも，学習者の思考や経験のあり方は，学習者の生活やさらに社会的な課題と決して無関係ではないからである。どのような地域・社会課題を学習者（集団）の背景に見ていくのか，「学習者（集団）研究」をその生活や社会の土台を視野に入れて捉えていくのか。地域・社会課題を分析した学習者（集団）研究を進めていく必要がある。

　産業構造の変化や社会政策の転換，構造的な不況により深刻な経済的打撃を受けた家庭が少なからず存在している地域，少子化・高齢化が急速に進み存続そのものが危機を迎えている地域，外国からの労働者が数多く生活している地域など，地域によっても抱える課題は様々に想定されるが，そのなかで暮らしている子どもたちが学習者（集団）としてそれらを背負いながら日々学校に通ってきている事実は重いと言わざるを得ない。一人ひとりの抱えている課題が，子ども集団において，学級において，どのように現象として子どもたちに現れるのか。それを視野に入れてどのように対応していくのか，そこに示された子どもの言動や秘められた内面，子ども同士の微妙とも言える関係に見られる課題にどのように迫るのか。また，その改善・解決を図ろうと模索し判断するのか。今日的に教育の方法としての創意工夫や裁量が，教授行為や教育技術として意図されなければならない点ではないだろうか。

3　学びを推進する子ども・学級・授業のイメージ化

（1）学習集団としての子ども（集団）理解と「かかわり合う」関係性

　学習集団として，一人の子どもの存在をどのように捉えるのか。
　われわれの子どもの理解が，一面的，否定的および固定的な理解に陥っていないかどうかを，まず問い直してみる必要があろう。無意識のうちにそうした「内なる」陥穽に陥っていることも少なくない。一面的にしか見ていなかった

からこそ，そうした側面しか目に入らなかったのではないか。否定的な見方に陥っていたからこそ，否定的な姿にしか映ってはいなかったのではないか。固定的に捉えていたからこそ，固定した状態のままだったのではないか。問い直してみて，改めて気づくことも少なくない。少なくとも，つねに問い直してみることでしかそれは自覚化されないし，変革にもつながらない。

　一面的にではなく多面的，否定的にではなく肯定的に，固定的にではなく流動的・変化の可能性をもつ存在として捉えることで，捉え方とともに見え方が違ってくる。見え方が違ってくれば，当然，「向き合い」方も変化し，言葉かけや対応の仕方等も違ってくると言わざるを得ない。こちらが変わることでこそ，相手が変わる。もちろん，それがすぐに実現される。完全に完璧に変わるとは限らない。しかし，変わることの手がかりの端緒はそこにしかありえない。

　一人の子どものなかに「二人の自分」を見る感性，「子ども感」の重要性が言われて久しい。学ぶ意欲の見られない子のなかに「意欲のない部分」と「意欲をもつ部分」，「わからない・できない」子のなかに「わからない・できない」部分と「わかりたい・できるようになりたい」部分とを見いだし，意欲のない今の自分，わからない・できない今の自分のなかに秘められた，明日の「もう一人の自分」，つまり，意欲をもとうとする，わかりたい・できるようになりたいと願う自分を見いだしていき，そこに共感しながら励まし働きかけていくことが変わることなく教師に求められている。しかも，今日，それは教師にだけではなく，子ども同士の関係においても求められていると言えるのではないか。というのも，個性を尊重しそれに応じる学びが重視されている。そうした個性を伸ばすことはだれも否定するものではないが，ややもすれば，子どもをバラバラにして，孤独化・孤立化した学びに閉じこめてしまう危険性をはらんでいる。また，そのような状況が垣間見られることもあるからである。そうであるとすれば，そこには人と人とのかかわりやつながりの希薄さ，コミュニケーション能力の低下を助長しかねない側面があることを見過ごしてはならない。さらに前進的に述べるならば，先のような見方を子ども同士の関係において育てていくことが，授業・学びの課題とされ，実践的に取り組まれなければならないと言える。

第4章 新しい学びの構想と授業づくり

　授業・学びが進むにつれて、子どもたちのなかに学習進度・理解進度に関する質的・量的な相違が確かに現実に生じてくる。学習内容の理解度を尺度として、学級の子どもたちを「わかる・できる」子と「普通の」子と「わからない・できない」子といった層に分けた把握や学習の効率面を重視する授業・学びの設計・構想計画も見られる。しかし、上述したような子ども理解・見方に立って述べるならば、必要とされる授業づくりの基本は、効率的な分離した授業・学びではなく、まずは「わからない」子の「わかりたい」という意欲に寄り添い、また「できない」子の「できるようになりたい」という思いを励ましながら授業への参加・関与を支え促し、「わかる」子や「できる」子との「かかわり」をもたせることで、支え合い助け合う学びの関係を築いていくことにある。そのことは、望ましい人間関係やコミュニケーション能力形成の基礎、学びのあり方を示唆するものともなりうるからある。それと同時に、支え合いや助け合いの「関係」だけでなく、それを通してたんに答えが表面的に正答主義的にわかることでは果たされない、「わかる」ことの深化、質的な充実、つまりより豊かな学びを拓いていくことにもつながる。

　授業・学びは教師と子ども、子どもと子どもとの応答的なコミュニケーション過程として特徴づけられてきた。今日、それはコミュニケーション能力の育成として求められる教育の一環でもある。一般にコミュニケーション能力は意見と意見、情報と情報の交換を可能に交流する力として捉えることができるが、授業・学びの過程において発揮される、あるいは求められるコミュニケーション能力はそうした次元にとどまらない。「わからない」状況が生じたときにこそ、その固有なコミュニケーションの成立が試されるからである。たとえば、教師の発問に対して、子どもたちは、既知既習や先行経験、資料等を手がかりとしながら個人思考を図り、自分なりの正解を導き出そうと努める。当然、「わからない」子どもも出てくる。出てくるからこそ授業・学びの意味があるのだが、多くはその際に、どこがわからないかをその子どもに尋ねる。しかし、どこがわからないかをわかるように言える子どもは少ない。というのも、自分のわからない点をことばで伝えることは、簡単なようでそれほど簡単ではないからである。思考様式の段階での困難さもあり、表現様式の段階での困難さも

ある。いずれにしても，そもそも，わからない点が言えるのはわかっているからであり，わかっているからこそわからない点がどこにあるのかを言えるのではないか。そうだとすれば，わからない子どもは，やや極端な言い方をすれば，「わからない！」と発するだけで十分であり，どこがわからないかを問われる状況にはない。どこがわからないかを探りそれを発見するのは，わかっている子どもの大事な役割であると考える必要がある。決して，その逆ではない。わかっている子どものすべきことは，わかるように教えることだけでなく，わからない点がどこにあるのかを考えていくことにあるのではないか。そこに，授業・学びのもつ応答的コミュニケーションの成立の固有な一端をみることができる。参加や関与，「かかわり」によって，「わかる」子の「わからない」部分が吟味され，本当にわかるとはどういうことかが追求され，そのことによってはじめて，わかる，あるいはわかることへの共同的な追求の真の意味を学ぶことになるからである。

このような理解と「かかわり合う」関係性を基にした授業づくりのイメージは，学級づくりのそれと不即不離の関係にある。

（2）授業づくりと学級づくり

①学級は通常，1年間の学級のビジョンに基づいて経営がなされる。どのような学級づくりを行い，どのような学級集団へと高め，その過程においてどのような力を育ててくのか，一定の見通しが計られる。授業は当然，授業としての固有な役割を担い相対的な独自性をもちつつも，そうしたビジョンの文化と集団を支える基盤である。

②充実した楽しい活動内容により，楽しい活動を通して学級生活の充実感・満足感が得られる。そのことが，授業において安心感・安定感を生み出し，班活動等を介しながら授業・学びへの主体的参加が期待される。逆に，楽しさも充実感・満足感も得られないような活動がなされる学級において，授業・学びだけが楽しく，充実感・満足感を味わうことができるとは到底考えられない。

③活動における多様な人間関係の構築が図られることで，授業では発揮されない他者の良さや可能性の発見がなされ，それがひいては授業づくりに反映さ

れる。個の活動を認め合い，集団としての連帯感につながる。教師による子どもの見方をより深め豊かにすることでもあり，それは授業・学びにおける子どもの発言や解釈をより深く，あるいは違ったものとして理解することにも結びついていくことになる。

　④学級課題についての話し合いを通して養われる力，自分の考えを生かしながら，他者の考えと折り合わせ止揚し，課題の改善，解決を図っていくことが，他者理解を深め，他者と共同することの意味を自覚させ，それがひいては授業・学びを側面から支持することになる。

　⑤学級づくりの成果は，教師がいないときや，いないところにおいてこそ，「学級の教育力」として発揮される。教師が不在のときに，いかに自分たちで自治することができるか，たとえば自習時間という授業を自分たちで統率しながら，それぞれの学びを有意義に進めていくことができるかが試され，それによって「授業」の充実が左右されることになる。

4　学びを演出し組織する授業過程のイメージ化と学習指導案

　子どもたちのそれぞれの活躍が思い描かれる授業が構想される必要がある。
　そのため，思考し討論し，追求し表現する学習主体としての学びを演出する授業過程では，教材を媒介として教師と子ども，子どもと子どもとがどう向き合い，教師の指導・支援行為を媒介として子ども同士がどうかかわり合いながら，教科内容の本質，真理・真実に迫るのかをイメージすることが重要だと言える。
　そこではまず第一には，一人ひとりの参加を呼び起こす授業の展開をイメージすることにある。そのためには，一方で学習内容にかかわっては子どもたちの既知・既習，経験，レディネス等を把握することが求められ，それと学習課題とをつないだ教授行為としてのすぐれた発問や説明等が準備されなければならない。また他方では，学習規律が子ども集団においてどのように育ち定着しているのかを考えに入れておく必要がある。もし，それに対する自覚が希薄であったり，十分には育っていないと判断される場合には，授業・学びの過程に

おいてどのように形成していくのかを事前に考えておく必要がある。

　第二に，教科内容習得の観点から検討された教材・学習課題を，子どもたちがどのように捉え，どのような考えや問いを抱き，取り組み，見通すのか，それらを予想しておくことが必要である。さらに，その予想される子どもからの反応や解釈が，どのように分化・対立し，討論へと展開し，それらをどのように組織していくのか，「教育的タクト」（答で終わるのではなく，答から始める。つまずきやつぶやきを拾って深める。対立・分化を図る。班・小集団に下ろして広げる。接続語でかかわり合いをつくる）として先取りされていなければならない。

　現実の授業・学びは，必ずしも教師の予想，見通しのように展開するとは限らないのは確かである。しかし，実際の授業・学びの過程において，教師が「教育的タクト」を刻々と適切に振るためには，計画段階での授業展開の予想・イメージがなければ，子どもの解釈や発言への応答は場当たり的なものとなり，的確に学習内容の本質へと迫る展開を導いていくことは難しい。予想もしないような解釈が子どもから飛び出したとしても，それが真理・真実に迫る契機となるのか，展開のどこに位置づけられるのか等を迅速に判断し応答していくことにおいて，それは欠かせないと言える。

　第三に，子どもが学びの当事者として，自主的・共同的な学びへと向上，発展させていこうとする自覚と意欲をもつようにしなければならない。一人ひとりが孤立して孤独に学習に取り組むのではなく，学習集団の一員として参加し，かかわり合っていくことを意識させる。問答・対話・討論・追求のある学びの組織化は，まず「対面する」「聴く」。子どもの発言を「まなざしを共有」しながら受容的・共感的に聴く。子どもの発言は課題にどう取り組んだものなのか，教材とどのように向き合っているのか，教師からの問いかけにどのように応答しようとしているのか，他の子どもの解釈や発言のどことつながっているのか，などの観点から「聴く」。聴きながら，「それはこういうことかな？」などと課題や問いかけと結びつけたり，あるいは「そう考えたのは，教科書や資料集のどこから？」と教科書や資料集等に根拠を求めて考えさせたり，「○○さんの意見とは，どうつながっているのかな？　どう違うのかな？」と子ども同士の

発言をつなげていくようにする。受けとめながら、このような問い直しやコメント、注釈などを入れる。それは、子どもたち全体に、子ども同士の間に、他の子どもの発言を聴きながら、それらを意識しながら、それらと結びつけながら、自らの思考を進めていくことを求めることになる。さらに単に「いいです」といった機械的・形式的な反射や了解ではなく、まだわからないや納得がいかない、疑問である等を充分に認めつつ、学級全体の確かな了解・納得・共有・確認を図っていくということである。つなぎ合わせることで、多様な他者との自他関係の感覚やその質的変化が育まれなければならない。その結果として、それが授業・学びで一定の居場所感・達成感とともに、関係次元における自己の存在を実感させることにつながる。

　教師から子どもに向けられる「対面する」「まなざしを共有する」「うなずく」「受けとめる」等の応答行為は、教師の行為にとどまらず、それが毎日毎時間繰り返される子どもの日常においては、人と人との関係のあり方、関係のつくり方を媒介的に示唆していると言える。すなわち、コミュニケーション教育が求められる今日において、教師自身がまずは子どもとのこうした優れた応答関係を実践することこそがコミュニケーション教育であり、そうした意味合いを今日そこに読み取ることができる。

　教科内容・教材研究と学習者研究を基盤としながら、子どもが教材と向き合い、学び合うように教師が働きかけていく授業のシナリオは、いわゆる学習指導案として構想され可視化される。計画段階でのそれは、まさに「姿なき子どもとの対話」（吉本, 1979）といった性格をもち、授業の成立・展開を左右することから決定的に重要であると言える。ただし授業実践が、教材をめぐって、教師と子ども、子どもと子どもとのかかわりにおいて変化する「生きもの」である以上、教師には、その展開においてある意味では学習指導案を修正し、越えて、臨機応変に変化に対応していくことが求められる。だから、案はもっても致し方がない、意味がない、ということでは決してない。いや、むしろそうであるからこそ、案として構想しておくことが重要である。そうでなければ、子どもたちの拡散する意識や言動に収拾がつけにくくなり、そのまま変化に流されてしまう危険性が高いからである。

「案」としてのしっかりとした構想をもち，子どもの反応を予想し想定しているからこそ，たとえ子どもからの発言が拡散したり偏ったりする事態にあっても，子どもの発言を拾い，どのように位置づけ，意味あるものとして注釈していくのかがすぐれて判断される。そのような力をつけるためにも，そしてそれを一層確かなものとするためにも学習指導案は作成されつづけてきたのである。しかし，学習指導案はあくまで「案」であり，それに忠実に固定化して従うことが大事なのではなく，授業・学びの過程において「教材」を吟味し検討し，「教材研究」を越えるほどに子どもたちが教材と向き合い，思考し表現し合うことこそを想定した授業・学びの構想が必要だと言える。

学習課題

（1）新しい学びの意義について，多様な観点から検討してみよう。
（2）教材研究や学習者研究に関して，その必要性や課題について実践的に深めてみよう。
（3）学びにとって「学級の教育力」がどのように機能するのかについて，学級マネジメントの観点から考えてみよう。

参考文献

北川達夫・平田オリザ『ニッポンには対話がない』三省堂，2008年。
佐伯胖『「学び」を問いつづけて』小学館，2008年。
武田忠『自ら考える授業への変革』学陽書房，2001年。
日本教育方法学会編『教育法法学研究ハンドブック』学文社，2014年。
深澤広明編著『教師教育講座　第9巻　教育方法技術論』協同出版，2014年。
深澤広明「連載　学力形成としての集団思考」『心を育てる学級経営』2006年4月号～2007年3月号，明治図書。
山下政俊・湯浅恭正編著『教育の方法』ミネルヴァ書房，2005年。
吉本均『学級で教えるということ』明治図書，1979年。
『学級の教育力を生かす吉本均著作選集』1～5巻，明治図書，2006年。

（権藤誠剛）

第5章 新しい学びの展開と授業づくり

　今日,学力調査から「無解答」＝「書かない」子どもが注目されている。背景の一つには,授業展開において「この問題,できた人」「わかった人」と教師が一方的に問う,「問と答との間」が短絡的な「正答主義」が考えられる。また,子どもたちは,たいへんな苦悩を抱えて学校に来ている。近年では,「特別な教育的ニーズ」のある子どもを含む,「生きづらさ」をもち,発達の基盤の弱い「気になる」子どもが存在する。

　これらのことから,本章では,学びの展開において集団思考を通した知識獲得としての「つながり」を分離する「システム」を読み解き,「つながり」を回復する学びの展開を考察する。そのうえで,「つながり」を小集団の視点から検討する。

1　学びの展開において「つながり」を分離する「システム」

(1)「正答主義」と「ごまかし勉強」

　「この問題,わかる人」「できた人」と教師が一方的に問うことで,他の子どもよりも早く「わかった」「できた」子どもに対して発言するように促してしまう授業がある。そして,教師があらかじめ予想した答えが出れば,「ハイ,正解。そうですね。わかりましたか。では次」というように展開していく授業や,または逆に,教師が導きたい「正答」がでない場合は,「なるほど,そういう考え方もあるよね」と一見共感を示しておきながら,結局はその発言の根拠を問わない授業がある。そして「このことはまたいつか考えよう」と大事にするかのように装って,最終的には教師が望む「正答」の周辺でしか議論することができない授業となる。

　このように,教師が望む「正答」だけを子どもに求めれば,子どもたちは,早く「正答」を言わないといけないという学習観を身につけてしまいがちである。こうした学習観が子どもたちのなかに蔓延すると,「正答」でなければ発

言してはならない，「誤答」してはならないと思い，自分の「思考」ではなく，教師が求める「正答」を予想する子どもになってしまう危険性がある。

　子どもたちの「思考」を教師の枠内にとどまらせるのではなく，教材を通して問うべきものに向かって子どもたちの「思考」を呼び起こし，拡散・羅列しがちな思考を限定し，方向づけることによって，教師の問いが子どもの問いになることや，教師も子どもも問いを立てることから，学びの展開は豊かになる。それゆえ，学びの展開を豊かにつくっていくためには，「正答主義」からの脱却が求められる。

　すでに，「問と答との距離が非常に短くなっている」と大田堯が指摘したように，「フランス革命＝1789年，というような具合に子どもたちは，問と答の間をきわめて簡略な形で表現することに馴れている」のである（大田，1969：170-172参照）。このような「正答主義」を生み出す「過程」の軽視傾向として考えられる「問と答との間」を短くした学びについての指摘は，1960年代の「全国中学校一斉学力調査」などに対する大田の見解を表明したものである。こうしたテストの弊害として「問と答との間」を短くした学びが指摘されたのであった。

　このような「正答主義」は，「ごまかし勉強」と関係している。それは，1990年代以降の「試験に出ないことは勉強しない」という手抜きで効率を求める学習態度である。「70年代までの中学生は自分で参考書を選び，詳しい解説で内容を理解し，試験前は自分で暗記項目を抜き出して覚えるという，主体的な学習をしていた。ところが80年代を境に教科書準拠の宅配教材が普及し，テスト準備の有効な技術として社会に定着してしまった。参考書も，出題箇所を教えたり暗記材料を提供するような即効薬タイプにかわった」（藤澤，2005：111）。教師も定期試験前に出題箇所を教え，塾でも試験に出そうな勉強をさせるようになった。その結果，試験の点数を上げるための「ごまかし勉強生成システム」ができてしまったのである。普段から「ごまかし勉強」をしていると，知識は習得されず，学習意欲も低下する。さらには，準備のできない国際学力テストでは点数が取れないのである（同上：112参照）。このように，子どもたちを取り巻く学びのあり方は，テスト準備のための「ごまかし勉強」へと陥る

ことで,「正答主義」がますます助長されていったのである。

　こうした学びの背景には,授業における次のような問題が考えられる。第一に,授業に参加しなくても「ごまかし勉強」は成立する。第二に,授業において「つながる」必要がない。すなわち,「授業外」でもテストに出る箇所だけをまとめてくれた教師のプリントや市販の参考書,塾のテスト対策を,「個人」で勉強すれば点数が取れる「システム」になっているのである。

　さらに,今日の子どもたちの状況は,「試験に出ない」から「関係ない」,自分とは「関係ない」といった考え方が蔓延している。「学びからの逃走」を提起した佐藤学は,次のように述べる。

　　「学び」からの逃走の根底には,モノや他者や事柄に対する無関心があります。「関係ない」という思想こそ,学びにおけるニヒリズムそのものと言ってよいでしょう。世界のどこで戦争が起ころうと,この国のどこで人権が蹂躙されようと,環境の破壊がどう進行しようと,子どもたちの悲劇がどう繰り返されようと,「私には関係ない」と言ってしまえば,何も知る必要はないし,何も学ぶ必要はありません。　　　　　　　　　　　　（佐藤,2000：61）

　このように,「正答主義」という一元的な学びに方向づけられ,子どもを競争させ,試験に出題される学力を「個人」でため込ませるといった「システム」を読み解き,授業において集団思考を通した知識獲得としての「つながり」のある学びへ,そして,「関係ない」学びから「関係ある」学びへの転換が求められている。ただし,PISA2009の結果から,日本を含む上位であった東アジアの諸国や地域の教育について,「PISAが新しい能力像を示し,調査問題が斬新であるといっても,PISAの調査問題もペーパーテストであり,テスト対応の教育が,直接的であれ間接的であれ,効力を発揮したのだという見方」（松下,2010：9）があると指摘されている。このように,「ごまかし勉強」による「正答主義」が助長され,またPISAの目的も歪められるという問題がある。

（2）「気になる」子どものニーズとは

　学びにおいて「主体」となる子どもたちは,現在,たいへんな困難を抱えざ

るを得ない状況に追い込まれている。それは，虐待，親の失業や低所得などによる「生きづらさ」をかかえた子どもたちや，特別支援教育の開始により，注目されている発達障害の子どもたちの状況である。こうした子どもたちは，授業中に騒いだり，感情を爆発させることで「生きづらさ」を表現し，授業妨害する「困った」子と見なされる。大切なのは，この子たちを「困った」子として見ることではない。そうではなくて，この子たちは，学校・家庭・地域での過酷な生育状況を抱えているにもかかわらず，正当で民主的な異議申し立ての方法がこれまでの生活史のなかで形成されずに，不適切な表出方法しかもたないため，周囲になかなか苦境を理解されず，二次障害の危機にも晒されて「困っている」子として見る「子ども観」への転換が求められる。そこでは，そうした子どもたちを広い意味で「気になる」子どもと捉え，その子どもたちにとっても集団思考を通した知識獲得としての「つながり」のある学びを展開する授業づくりが求められる。

　「気になる」子どもにとって，教師中心の一斉授業のみでは授業への参加が難しい。それゆえ，個別支援で丁寧に，きめ細かく対応することが重視される。確かに，個別支援という形で「気になる」子どもに寄り添うことで，当事者に共感し，自立へ向けて励ますことができる。しかし，「気になる」子どもというレッテルを貼ることで，授業への参加が「可能な」子どもと「難しい」子どもに分けたとき，レッテルを貼られた子どもは個別支援の対応でしか授業に参加することができない。またそもそも社会からも「困った」子として見られ，どうすることもできない「システム」ができてしまう。そこでは，「気になる」子ども＝授業参加が「難しい」子ども＝「分離」という「システム」に陥りやすい。むしろ，大切なのは，学級という集団を対象に，個人の学びも保障しつつ，原則として共通の課題に取り組むことができる授業を構想し，「気になる」子どもとともに，周りの子ども集団も指導していくことが必要である。

2 「つながり」を回復する学びの展開
―― 教師の指導と子どもの学びとの「ズレ」

(1) タクトの意味

　「正答主義」の学びではなく，「つながり」のなかで「真理・真実」を追求し，共有する豊かな学びの展開を演出するために，教師の「タクト」が重視されてきた。それはたとえば，早く「わかったもの」＝「優児」の答えにかかわり，それを吟味し，その根拠や理由を問いただすなかで，すべての子どもに十分な思考活動を保障するために求められてきた。

　タクトとは，語源的には「接触」を意味する。音楽の領域で用いられ，指揮者のタクトによって，オーケストラの音色は違ったものになる。教師のタクトの違いによっても，授業展開はまったく別物になってしまう。このような授業展開において，教師が子どもと向き合い，子どもに対して語りかけ，うなずき，ときには問いかけ，共感したりすることで，子どもの活動をすばやく読み取る教師の応答的組織力である教育的タクト（pädagogischer Takt）は，理論的にはヘルバルト（Herbart, J. F.; 1776-1841）が提起した概念である。

　我が国の授業実践においても，子どもが「見える」ことや，彼らの発言・表現に対する「とっさの判断」や「対応」の意義を語ることで授業を展開させるタクトの役割の重要性を強調したのが，斎藤喜博（1911-1981）である。斎藤は，次のように述べた。

　　　教育とか授業とかにおいては，「見える」ということは，ある意味では「すべてだ」といってもよいくらいである。それは，「見える」ということは，教師としての経験と理論の蓄積された結果の力だからである。一人一人の子どもの反応を深くみつめ，それに対応することのできる教師としての基本的能力だからである。
　　　　　　　　　　　　　　　　　　　　　　　　（斎藤，1969：172）

　すなわち，子どもの具体的な事実が「見える」ことや，彼らの反応に的確に「対応」する力は，単なるひらめきなどではなくて，「教師としての経験と理論の蓄積された結果」が反映されるのである。斎藤は，この「対応」とかかわっ

て，授業展開などのタクトについて言及し，この教師のタクトを保障するものとして，教材解釈による指導案（授業案）の作成を重視した。

（2）授業と指導案との「ズレ」：教師の教材解釈と子どもの教材解釈

　斎藤は，子どもたちの「生活綴方」や「学習帳」から授業を考える生活綴方教師とは異なり，指導案から授業を考えた点が特徴的である。特に，斎藤は，「働きかける－応答する」ことを予想した指導案づくりによって，適切，有効にタクトを発揮していく教師の力量形成を目指したのである。

　指導案は，指導の「案」として構想しておくことが重要である。というのも，実際の授業過程では，子どもの「わからない」「ストップ」といった発言や予想外の発言，期待していたほど子どもに動きがないことなど，当然，指導案との「ズレ」が生じるからである。

　こうした「ズレ」を教師が感じるのは，授業後ではなく，授業中の子どもの発言や応答においてである。つまり，「ズレ」が生じるのは，指導案作成時と授業実践時における教師の教材解釈と子どもの「わかりかた」との違いによってである。このように教材解釈とは，一般的に教師の教材解釈という意味が強調されてきた。しかし，教材解釈には，子どもたちが教材に対してどのような「わかりかた」をするか，つまり，授業前に教師が予想する子どもの応答予想だけではなく，授業過程における教師の教授行為，とりわけ教師の発問に基づいた子どもの発言を解釈することが求められる。

　そもそも教師の教材解釈の内容とは，「発問研究を念頭においた教授学的解釈，さらに，教材に対する子どもたちのわかりかた（解釈内容）の予想，授業指導の過程で教師の発問によって引き出されてくる子どもたちの発言についての解釈である。しかし，『子どもの教材解釈』の内容とは，教師が提示した教材について，教師の発問によって引き出された解釈のみである」（高田，1980：83）。この限定的な子どもの教材解釈を，教師は，「授業において，子どもたちがそれぞれ自らの解釈内容を出し合い，よりすぐれた解釈内容をめぐって競い合いながら，より客観的な解釈へと到達していく，そのような学習過程で鍛えられる教材解釈力」（同上：86）へと高めなければならない。そうすることに

よって，教師だけで授業をつくるのではなく，子どもたちが「教材解釈力」を身につけることを通して，彼らを学習主体へと導くことにつながるのである。それゆえ，教師は授業前に行った教材解釈のもと，指導案を作成し，指導案どおりに「できた」か「できなかった」かを重視せず，さらにそれを子どもたちに押しつけてもいけない。そうではなくて，授業過程において現れる子どもの多様な発言＝解釈内容によって，教師が教材解釈で予想した解釈内容を点検し修正して，授業を子どもたちと「共に」豊かにつくりかえていくことが求められる。

このように教師が「ズレ」を読み取ることから，子どもたちの「わからない」「ストップ」といった発言を通して，学習権の保障や一人ひとりの学習の質的な深化，学級内の関係性の形成が目指される。とりわけ，「わからない」ことがあっても，周りの友だちに助けを求めることは難しいため，「わからないことをわからない」と言い合える集団づくりが求められている。そこでは，自分はどこからどこまでがわかっていないかをわかっている子ども，または，「○○がわからない」と言える子どもは「わからないことをわからない」と言えるだろう。けれども，「気になる」子どもなどの，どこがわからないかもわからない子どもや，「わからない発言」から授業の流れを止めて，教師や他の子どもに教えてもらってもわからない子どもも視野に入れて考える必要がある。こうした要求発言（「わからない発言」，「ストップ発言」）をすることができない＝「正答主義」の「システム」を読み解き，学級のなかに「わからなさを表明しようとしている」子どもの「わからなさ」を代弁する仲間と，代弁した内容が正確かを代弁の対象となった子どもに確認することで，「わからなさ」を学級の子どもたちが共有し，共に解決していく学級＝授業づくりへと転換する必要がある（福田，2009：52-53参照）。

このように「わからないことをわからない」というためには，教師の「ズレ」の読み取りとともに，学習権の保障から，学級内において「授業は自分たちのものである」と受けとめる集団が基盤になければならない。そのためには，集団を高め，子どもたち一人ひとりの「わからなさ」を共有し，共に解決していく学びの展開が求められる。

（3）技術的実践と反省的実践の比較から見た教師の思考と行動

指導案との「ズレ」以外にも，教師の指導と子どもの学びの「ズレ」は存在する。教師の指導と子どもの学びの「ズレ」をより明確にするため，反省的実践をしていると考えられるベテラン教師と，技術的実践をしていると考えられる初任教師とが，同じ教材（小学校六年生の詩の授業）をもとに長時間にわたって教材解釈し，具体的なところまで互いに一致した指導案で授業実践した比較検討がある（佐藤，1996：90-100参照）。この二つの実践では，実際の授業での教師の発問や指示は同じであった。けれども，この二つの実践を比較すると，教室内での出来事は大きく異なっていたのである。異なった点は次の三点にまとめられている。

まず第一に，「教室の空気や子どもの身体や教師と子どもの関わり」に，ベテラン教師が敏感に反応していたことである。たとえば，ベテラン教師は，「子どもの難しそうな表情を読みとり質問が出るのを十分に待って」対応していた。一方，初任教師は，授業展開のなかで子どもが理解に苦しんでいる状況を洞察する力が弱かった。

第二に，「子どもの発言に対する対応の違い」である。初任教師は，もともと構想していた所定のプログラム（発問とその順序）を遂行する授業展開になっていたため，子どもたちの発言に相槌は打つものの，一つの「正答」を求めて指名していた。当然，期待した「正答」の発言が出たところで指名と発言は終了した。ところが，ベテラン教師は，子ども一人ひとりの発言や独自の読みを大切にし，子どもたちの「つぶやき」に敏感に反応していた。すなわち，授業展開のなかで生じる子どもたちの発言や「つぶやき」といった「出来事」を大切にすることを心がけていた。

第三に，子どもの発言に対するベテラン教師と初任教師の聞き方の違いである。初任教師は，一人ひとりの子どもの発言を単独のものとして聞き，教師を中心とした放射状の「教師‐子ども」関係に閉じてしまい，「子ども‐子ども」関係へと発展しなかった。これに対して，ベテラン教師は，「一つの発言を聞くときにも，その発言が，テキストのどの言葉に対応して語られているのか，その子の前の発言とどういう関係で語られているのか，さらには，それまでの

発言の中のうち誰の発言と関連づけて語られているのか，という三つの関連を省察しながら聞いている」（同上：97）ことから，そうした発言の関連づけを大切にしていたと考えられる。

このように，指導案や実際の授業で発問や指示などが同じであっても，教室内の出来事は大きく異なる。それは，「『技術的実践』としての授業がプログラムや発問や指示の技術という『見える実践』として展開されているのに対して，『反省的実践』としての授業は，状況に対する『省察』や方略の『選択』や『判断』として，教育内容の意味と人と人との関わりを『デザイン』する『見えない実践』としていとなまれている」（同上：101）からである。しかし，この事例では，「ベテラン教師」＝「反省的実践」と「初任教師」＝「技術的実践」というように捉えているが，実際は教師一人ひとりによって異なると考えられる。ただし，ここでの初任教師の指導は，子どもの学びをあらかじめ作成していた指導案や発問，指示に合わせようとするものであった。これに対して，ベテラン教師は，授業の前に構想していたプログラムを遂行するだけでなく，授業中の教室内で起こる状況の変化を読み解きながら，対応していた。こうした反省的実践に見られる「省察」「選択」「判断」を意識しながら授業実践することで，学びの展開が豊かになる実践的な力量が形成されると考えられる。

3　学びの展開を拓く授業づくり
　　──「つながり」を生み出す小集団形態の現在

（1）小集団効果を問い直す

「正答主義」の授業では，「個人」の学びは重視されるが，個と個のかかわり合いや話し合いといった直接的な「つながり」は軽視される。そうしたなか，学びの展開において，これまでコミュニケーションの形式が注目されてきた。

授業におけるコミュニケーションは，その形式に着目して，個別学習，小集団学習（班・グループ），一斉学習といった三つの学習形態に分類されてきた。個別学習は，子どもたちが一人で考え，調べ，ノートをとる形態である。小集団学習は，人数の幅はあるものの三人から八人を一グループとし，話し合った

り，調べ合ったり，実験したりする形態である。二人で組むペア学習も，コミュニケーションの形式からすればこの形態に含まれる。一斉学習は，教師が説明したり，教師と子どもたちとの問答や，子ども相互の話し合いという活動形態を主としながら，教師と子どもたち全員（学級全体）が共同して教え学び合っていく形態である。学習形態の問題としては，三つの形態を授業に応じて弾力的に切り換える「学習形態の交互転換」が指摘されてきた。特に，小集団の形態には，次のような教育的効果のあることが1970年代に指摘されていた。

① 班によって学習への全員発言，全員参加を保障することが容易になる。
② 班では生活経験やほ・ん・ね・がだしやすく，多様な意見をださせることができる。
③ 班では子どもたち相互の意見を交流・援助・批判しやすい。
④ 班を中心とすることで，子どもたちは学習への諸要求を提出したり，共同的な学習規律をつくりだしたりすることが容易となる。

(吉本，2006，3巻：104，ここでは「小集団」＝「班」として考える)

こうした小集団効果は，小集団の形態をとることで自動的に起こるわけではない。発言の強い子どもによって話し合いが進められたり，まったく話し合いが行われなかったり，授業の話とは関係なく私語に終わる場合もある。そこでは，教師の教育的な指導により，絶えず小集団を指導していかなければならない。

しかしながら，1970年代から80年代にかけて「犬も歩けば班にあたる」くらいに小集団形態の実践が広がり，あたりまえに子どもたちがかかわり合い，話し合っていた時代と比べて，今日の子どもたちは，生活スタイルが変化し，かかわり合いや話し合いの経験が乏しく，小集団効果の成立も難しい。

ただ，今日の小集団形態には二つの意義があると考えられる。第一は，かかわり合いや話し合いを学ぶ機会をつくり出すことである。小集団での話し合いの仕方を一つひとつ丁寧に教え，話し方の順序，「話す」「聞く」といった役割などのモデルを教えることができる。こうした機会をもとに，かかわり合いや話し合いの練習から始めていくことも必要であろう。

第二は，小集団を教育的に指導することで，「正答主義」の学びから，授業

において集団思考を通した知識獲得としての「つながり」のある学びへと転換することである。小集団とは，小集団を編成すれば自動的に「小集団効果」が生じるのではない。そうではなくて，小集団を指導的評価活動によって育てなければならない。そのさい，指導的評価活動の「過程主義」並びに「個」と「集団」およびその関係を同時に評価する「評価の二重方式」が重要である。すなわち，正答のみを評価する「正答主義」ではなく，プロセスにおいて子ども同士の認識形成に寄与する「かかわり合い」を評価する「過程主義」である。

なお，ここでの指導的評価活動とは，競争的価値観に子どもを追い込む評価ではない。そうではなくて，高機能自閉症児の支援に学びながら，「何もできなくても自分がそこにいてもよいと感じられる，自己のかけがえのなさにもとづく共感的自己肯定感」（別府，2010：137）を育む評価に注目したい。そこでは，第一に，自分がそれまでわからなかった学習内容がわかるようになった「世界とつながれた」喜び，過去の自分と比べてわかるようになった「新たな自分」を発見できた喜び（＝過去の自分との比較），第二に，「できない自分」「がんばれない自分」も自分であると受けとめ，認めてくれる他者と「つながる」集団づくり（＝できない自分も認めてくれる他者との関係づくり）といったことが必要になる（同上：140-141参照）。

（2）学習形態の交互転換のある授業づくり

前述した学習形態は，授業の流れや教材の特質に応じて，学習形態を弾力的に切り換えていかなければならない。学習形態の交互転換について，以下の「一つの定跡」が提示されている。

　　（1）問いかけによる課題の明確化（限定・類比・否定によるゆさぶり）⇄（2）班におろす→（3）時間制限→（4）個人思考（作業・ノート）→（5）班話し合い→（6）机間巡視→（7）うち切り→（8）評価しながらの班指名→（9）個人発表→（10）「接続詞」による集団思考の展開→（11）個人指名→（12）教師が立場をとる→（13）新しい次元での対立が生ずる→課題を明確化して班におろす。　　　　　　　　　　　　　（吉本，1977：86）

こうした「一つの定跡」において，以下の三つに注意したい。第一に，先述

した今日の小集団形態の意義とかかわって，教師の指導を通して，子どもたちがそれぞれの学習形態のやり方を習得することに注意したい。生活スタイルが変化し，子ども同士のかかわり合いがなくなった今，学習形態の交互転換を通して，「かかわり」のあり方や「話し合い」の仕方のモデルを学び，子どもたちに習得させることが求められる。子どもが全体へ向かって話すときは，「みなさんはどう思いますか」「〇〇さん聞いてください」と話し，班のときは，「うなずく」「首をかしげる」「必ず言葉で返す」といったように，話し合いの仕方を一つひとつ丁寧に教えることが求められる。ただし，そこでは話し合いのモデルができているかを点検することが目的ではない。そうではなくて，具体的な話し合いの場面を通して，そのあり方や方法を提示，評価し続けることで認識を高める集団思考の形成が重要である。こうした話し合いのモデルを手がかりとしながら，集団思考にふさわしい教材の吟味，さらにはモデルそのものを乗り越え，子どもたちが自主的に話し合うことが目指される。そのさい，「個」と「集団」を同時に評価する「評価の二重方式」についても注意したい。

　第二に，PISAをめぐる議論から，リテラシーやコンピテンシーを育成する小集団の方法や形態が強調されているが，授業論の原則から授業の構成にかかわる目標と内容をもとに，教材の特質をふまえた発問から小集団の方法や形態を構想することに注意したい。とりわけ，教師の教材解釈が希薄な場合，小集団形態から集団思考を構想しても成立しにくい。そこには教材解釈から教材の特質をふまえた発問が見られないことが多い。そのため，「集団思考が，解釈のちがい，根拠のある理解や推論をめぐる論争にならないのである。論争にならないので，合意の形成も必要ないのである。お互いの発言に耳を傾け，聴き合っているように見えて，実は何も理解し合っていない」のである（深澤，2010：28-29参照）。ここではPISA型「読解力」を手がかりに，学習形態の交互転換のある授業づくりを通した集団思考を考えたい。「国際社会で『読解力』とは，①正確に読んで／②読んだことを根拠にして／③自分の意見を表現すること」（有元，2008：3，「／」は原文改行）と指摘されている。この点から，子どもたちはそれぞれ「個人思考」や「個人発表」＝「自分の意見を表現する」とともに，「接続詞」によって問いにからむさい，「正確に読んで」かつ「読ん

だことを根拠にして」発言することが重要である。けれども,「読んだことを根拠にして」発言するとき,根拠とともに「解釈」が求められる。たとえば,子どもが「○頁の○行目に…と書いてあるから,…と思います」という発表に終始するのではなく,その「…と思います」という「解釈」のところの根拠を吟味して「解釈」の違いを読み取り,自分の意見と相手の意見との共通点や相違点を見つけ出し,論点を板書しながら整理する。そうすることで,子どもたちの発言の「論点」を明確にすることができるのである(深澤,2010:29参照)。

こうした「読解力」を高めることと同時に,第三に,個人の視点と他者の視点を学ぶことでお互いの「差異」の確認と多様性への理解が求められることに注意したい。「個人思考(作業・ノート)」で自分の意見をまとめ,「班話し合い」や「個人発表」で自分の意見を発表し,他者の意見を聞くことは,同時に,他者の「意見・立場」=「視点」を学ぶことになる。このような授業の問題(問い)は,自分の問題と「関係ない」問題でも,現代的な課題から,何と何とのコンフリクト(対立・矛盾・葛藤)かを「誰の立場から問うか―視点や立場を明確にし,当事者としての意識を掘り起こす」ことが求められる(高橋,2002:218-226参照)。こうした授業では,自分とは「関係ない」ことを「関係ある」学びへと誘い,他者の視点へと視点の転換を学ぶことができる。このような視点の転換から,「差異」の確認と多視点性をふまえた多様性への理解とともに「気になる」子どもなどの子どもの視点からも考える機会になる。

以上のように,教師による教材の解釈に知的な楽しみを見いだすだけではなく,子どもたちが出し合う教材解釈から,子ども理解を進めつつ教材解釈に再び戻ってくるような知的な活動として,授業展開論を再構築することが必要なのではないだろうか。そうすることで,「正答主義」や「関係ない」学びとは異なる「問と答との間」の「過程」を十分に吟味し,「気になる」子どもの学びが保障される授業が展開されると考える。

学習課題

(1) 授業における「正答主義」のシステムや「学びからの逃走」の問題の背景について調べ,整理しておこう。

（2） 実際の授業を参観し，指導案との「ズレ」が生じた理由を分析し，学級の子どもの教材解釈から指導案に必要だった視点を話し合ってみよう。
（3） 小集団効果や学習形態の交互転換のある授業記録を収集し，集団思考の成立条件を検討してみよう。

参考文献

有元秀文『必ず「PISA型読解力」が育つ七つの授業改革——「読解表現力」と「クリティカル・リーディング」を育てる方法』明治図書，2008年。
今泉博『集中が生まれる授業』学陽書房，2002年。
大田堯『学力とはなにか』国土社，1969年。
斎藤喜博『教育学のすすめ』筑摩書房，1969年。
佐藤学「授業という世界」稲垣忠彦・佐藤学『授業研究入門』岩波書店，1996年。
佐藤学『「学び」から逃走する子どもたち』岩波書店，2000年。
高田清「子どもの教材解釈＝習得と学習主体形成」吉本均編『現代教授学 第3巻 授業展開の教授学』明治図書，1980年。
高橋英児「現代社会にひらく授業をつくる」久田敏彦・湯浅恭正・住野好久編『新しい授業づくりの物語を織る』フォーラム・A，2002年。
中野和光編著『教科の充実で学力を伸ばす』ぎょうせい，2004年。
久田敏彦・福田敦志編『事例で学ぶ「気になる」子どもへの呼びかけ』せせらぎ出版，2009年。
深澤広明「連載 学力形成としての集団思考」『心を育てる学級経営』2006年4月号～2007年3月号，明治図書。
深澤広明「教材の特質をふまえた発問で教材を吟味する集団思考を」『授業力&学級統率力』2010年6月号，明治図書。
福田敦志「学びの共同化を実現する授業・学級づくり——ゼロ・トレランスを越えて」湯浅恭正編著『特別支援教育を変える授業づくり・学級づくり3 自立への挑戦と授業づくり・学級づくり〔中学校～高校〕』明治図書，2009年。
藤澤伸介『ごまかし勉強』（上・下）新曜社，2002年。
藤澤伸介「学力低下は学習の質こそが問題」『児童心理』2005年7月号，金子書房。
別府哲「学級集団での育ちと自尊心」別府哲・小島道生編『「自尊心」を大切にした高機能自閉症の理解と支援』有斐閣，2010年。
松下佳代「PISAで教育の何が変わったか～日本の場合～」『教育テスト研究センター

CRETシンポジウム2010.12報告書』2010年（http://www.cret.or.jp/j/report/101210_Kayo_Matsushita_report.pdf）。
湯浅恭正編著『特別支援教育を変える授業づくり・学級づくり』全3巻，明治図書，2009年。
吉本均『発問と集団思考の理論』明治図書，1977年。
吉本均『学級の教育力を生かす吉本均著作選集』全5巻，明治図書，2006年。

（吉田茂孝）

第6章 新しい学びの評価と授業づくり

　学校教育を受けている多くの子どもたちにとって「評価」とは苦痛を感じるものとして捉えられている。一方，教師にとっても「評価」は負担に感じられるものである。なぜ，教師・子ども共に頭痛のタネであるのに，評価はなされてきたのか，また，なされなければならないものなのだろうか。人によっては周われるまでもないことだ，と思うかもしれない。しかしながら教育に携わる者にとって，「なぜ，評価をするのか」という問いはつねに自覚されておかねばならないものである。そうでなければ，「評価」はすぐに自己目的化してしまうからである。評価のための評価，そして「評価あって教育なし」と言われるような状況に陥ってしまうのである。

　以上のような問題意識とともに，本章では，評価の意味，指導との関連，そして評価主体を育てる指導といった視点から，評価をめぐる課題について考察を行う。

1　教育における「評価」の意味

（1）「評価」の捉えられ方

　「評価を受ける」あるいは「評価される」といったように，自分が評価の対象とされる場合には，誰しも何か重苦しい感覚を覚える。「評価」に対するそういったイメージを形づくった一つの要因は，学校教育にあるのかもしれない。学校における評価は，試験や通知表など，学習者の視点からすると好ましく映るものではないからである。

　たとえば，子どもが好んで読んでいるマンガを，子どもたちに嫌いにさせる方法として，数学者の森毅は次のように書いている。

> 　毎週二冊ぐらいマンガを課題にして，そのレポートを宿題にする。学期末には，「マンガ評論」のテストをして，それを内申書で重視する。これだけで，かなりの子どもがマンガ嫌いになるだろう。　　　　　　　　　（森，1992：59）

このような学校に対するネガティヴ・イメージには，テスト・内申書といった評価に対するイメージが大きく関係していると言える。

このように教育を受けている立場の子どもにとっては好意的に受け止められることの少ない「評価」ではあるが，教育が目的をともなう意図的な営みである以上，そのなかでもとりわけ学校教育が「公」教育である以上，教育に評価は必要不可欠なものなのである。

（2）「評価」を考えるために必要な諸概念

一口に評価といっても，そのなかには様々な区分が存在する。特に前項で見たような「評価＝嫌なもの」といった評価観しかもっていない人は，評価が一面的に捉えられているのではないか。本項では，まず2つの区分を見ることで，「評価」を考えるうえで必要不可欠な諸概念を押さえておきたい。

① 評価の基準

何を基準として評価を行うかという点から考えると，評価は「絶対評価」と「相対評価」とに分けられる。

「絶対評価」とは，『広辞苑（第五版）』のなかでは，「一定の基準に照らして個人の変化・発達を測定し，価値づけをする評価方法」と書かれている。他方，「相対評価」とは，「ある一定の集団の中の相対的な位置によって，個人の能力や学力を判断する評価方法」と説明されている。つまり，ある集団のなかで「〇番目」だとか「上位×％」として，そして偏差値などを用いて行われる評価が相対評価であり，評価される人その人，あるいは作品そのものなど，他の人やものと比較することなく行う評価が絶対評価である。さらに，その基準が何かによって細分化される。たとえば，教師などの評価者の主観が基準であれば「認定評価」，過去の作品や成果を基準にすれば「個人内評価」，そして基準が客観的に存在する目標であれば「目標に準拠した評価」となる（西岡，2004：358，田中，2008：17を参照）。

② 評価の主体

　誰が評価を行うか，ということで区別するならば，「自己評価」と「他者評価」とに分けられる。自らの学習を学習者自身で評価する自己評価，教師による他者評価が，それぞれ一般的であるが，子ども同士で互いに行う相互評価といった中間的な評価も考えられる。

　この２つの区分を見ただけでも，本章のはじめに述べたような，学校教育における評価をネガティヴに捉えていた人の多くが，他者からの（大半は教師による）相対評価という偏狭な評価観しかもち得ていなかったことに気づくのではないだろうか。

（３）「評価」の本来的意味

　しかしながら，そもそも「評価」とはそのようにネガティヴに捉えられるような性質のものではなかった。それは字義的に評価という言葉を考えてみれば明らかになる。評価の「評」とは『字通』によると，「はかる」＊に次いで「あげつらう」ことだとされている。あげつらう，つまりは「あれこれと言いたてる」ことである。では，何を言いたてるのか，それは「価」すなわち「あたい」であって，あくまでも価値あるものなのである。たとえば子どもを評価するといったときには，その子の価値，その子の良さを示すことこそが，評価の本来的意味なのである。

　　＊『字通』では「はかる，相談する」とあるので，「はかる」といっても，「測る」
　　　の意味ではなく「諮る」の意に近いと考えられる。

　このような「値うちづけとしての評価」という捉え方は，他者による相対評価のみが評価と見られがちな今日だからこそ，再び見直される必要があると言えよう。

２　指導と評価の一体化

　前節で明らかにしたような評価の本来的意味とともに，教育にとっての評価の意味も再び確認されねばならない。それは，「指導と評価の一体化」として

論じられてきた評価の側面である。この点について，諸岡康哉は次のように説明している。

> 指導と評価の一体化とは，評価の教育にしめる役割を重視しつつ，それを最大限，教育や指導に生かしていくとりくみを表す言葉として用いられている。　　　　　　　　　　　　　　　　　　　　　　　　（諸岡，1999：230）

そのうえで，指導と評価の関連について求められる以下の二つのレベルを述べている。

① 評価の結果を次の指導に生かしていくという意味での一体化
② 評価すること自体を指導にしていくという意味での一体化

本節では，このそれぞれについて考察を行っていく。

（1）総括的評価から形成的評価へ

前者の「評価の結果を次の指導に生かしていくという意味での一体化」を考えるためには，ブルーム（Bloom, B. S.）らによって広められた，「診断的評価」「形成的評価」「総括的評価」という機能による3つの区別を学ぶ必要がある。それぞれの評価の目的を端的に説明すれば，以下のようになる（ブルーム他，1973：89，125，162）。

　○総括的評価：全課程あるいはその1部分について達成された学習成果の程度を把握する
　○診断的評価：授業の開始時に生徒を適切に位置づける／授業の展開に当って，生徒の学習上の難点の原因を発見する
　○形成的評価：カリキュラム作成，教授，学習の3つの過程の，あらゆる改善のために用いられる

すなわち，学校教育に広がっている評価が，総括的評価や診断的評価，つまりは学習がどうであったかという意味で過去に対する評価であったのに対し，これから先の授業や学習をより良いものにしていくという意味で未来に向かった評価である形成的評価が，指導と評価の関連を考えていくうえで第一に求められているのである。

（2）指導的評価活動

　指導と評価の関連について他方にあるのは，評価することが同時に指導することになっているというものである。そのような指導＝評価には，たとえば斎藤喜博の「声かけ」を挙げることができる。斎藤喜博の実践を評価の観点から分析した研究は多くあるが，吉本均の「まだ動きが固くて，リズムにのっていないときに，『リズムがでた！リズムがでた！』と語ることで，現実化するといったのは，斎藤喜博の名言である」（吉本，2006：144）という捉え方に，その特質が象徴されている。「リズムがでた」という評価をすることで，子どもたちにリズムへと意識を向かわせる。その結果として，リズムが実際に出てくるわけである。「リズムがでた」という評価が，すなわち「リズムに注意せよ」という指導になっているのである。

　さらにその際，肯定は発見するものだという評価の捉え方にも着目しておかねばならない。つまり，「子どものよさ（肯定）とは，存在しているものではなくて，教師にとって『発見すべきもの』としてある」（吉本，2006：55）ということである。

3　評価をめぐる今日的課題

　前節までで明らかにしたように，評価とは，あくまでも価値・ねうちのあるものについて述べ，そうすることで，さらに子どもたちを伸ばす，つまり指導することに他ならないものである。しかし，今日の子どもをめぐる状況を見てみると，単に「良さ見つけ」ではすまされない現状がある。そこで本節では，評価に関する今日的な課題を考察していく。

（1）受容と要求

　単なる「良さ見つけ」ではすまされない現状を指摘している言葉に「評価不能型教員」がある。「評価不能型教員」とは，東京都教育委員会指導主事として，全国初の指導力不足教員を対象にした研修を担当した鈴木義昭の表現である。彼は，その研修受講者のタイプを分類し，その一つを「評価不能型教員」

と位置づけた。前節までの評価の捉え方で考えてみれば、「評価不能型教員」とは、子どもを評価することができない、機嫌が悪そうにしている教員を想像するかもしれない。しかしながら、鈴木の指摘する評価不能型教員は、むしろ逆である。そうではなくて「何でも褒める型」教員のことを意味しているのである。

　前述したように、評価することは発見することとこれまで考えられてきた。だとすれば、「何でも褒める型教員」は子どもの良さを様々に発見しているようにも考えられる。しかしなぜ鈴木は指導力不足の一つに数えているのだろうか。鈴木は、褒めるということについて、以下のように述べている。

　　褒めることも叱ることも、そこには一定の基準と方向性が必要である。あなた（児童・生徒）のどの言動について、私（教員）はなぜよい（または悪い）と思ったのかということを明確に伝えることができない教員は、指導力不足と呼ばれるようになりやすい。　　　　　　　　（鈴木、2006：96）

前述した斎藤喜博の実践で言えば、「リズムがでた！」という評価は、「リズムを出したい」という願いが教師の側にあるからこそ、有意味なものになる。しかしながら、「何でも褒める型教員」とは、教師のなかに一貫したその願いが存在していないことになるわけである。何をやっても評価されると、子どもとしては「何でも良い＝どうでもいい」と判断し、鈴木の表現を借りれば「おべっかづかいとして軽蔑され、無視されることになる」（鈴木、2006：96）のであろう。

　この鈴木による指摘は、「子どもの苦手な部分ではなくて、その子の得意な部分を伸ばす」などの、表層的な「受容」がスローガン化している今日においてはとりわけ重要な意味をもっている。教育するということは、子どもにより高いものを要求するということであり、受容は要求とともに捉えられねばならないのである。この二つの関連について久田敏彦は次のように述べている。

　　受容の欠落した要求だけの肯定的評価は、子どもの重荷になり、要求の欠落した受容だけの評価は、心情主義的な迎合になりかねません。だから、受容と要求の同時相即としての肯定的評価がいま求められているのです。

　　　　　　　　　　　　　　　　　　　　　　　　　　（久田、2000：210）

このように，受容と要求とは，対立する二つのものとして捉えられるのではなくて，相互に高めあう関係として捉えられる必要があるのである。

（2） 自己肯定感の低下と評価

今日における評価についての問題のもう一つは，学習者の自己肯定感の低下という問題である。これまでも，様々な研究において，子どもたちが自己肯定感をもち得ていない状況が報告されている。この自己肯定感の問題と評価の問題は，とても密接に関連している。

鈴木による「評価不能型教員」という指摘も同様の課題を内包しているが，「評価が入らない」という教師の声がよく聞かれる。視点を変えれば，教師のもっている従来までの評価観と，今現在子どもがもっている評価観とにずれが生じてきていると言い換えることもできる。

今日の子どもたちのもっている評価観は，強迫的ともしばしば言われる。「今の君の発言すばらしいね」という教師の声かけに対し，「そんな言い方をしたら，さっきのぼくの発言は悪いっていう意味じゃないか」という反応を示す子どもの事例（山﨑，2001：216参照）などに表されている。この事例に対して，深澤広明は以下のように述べている。

> 教師としては，その子の「のび」に対する肯定的評価によって，その子の「よさ」を励ましたつもりであっても，子どもにとっては，自分が前にした発言が今の発言と「比較」されたことになり，前の発言をした自分自身が否定されるような感情になるのである。つまり，肯定的評価が否定的評価に聞こえてしまうのである。
> 　　　　　　　　　　　　　　　　　　　　　　　　　（深澤，2005：15）

さらに続けて，その原因を競争的価値観に求める。

> 他人と「比較」されることにとどまらず，自分自身のなかにあっても，「できない」ことより「できる」ことの方が価値があるという競争的価値への囚われによって，「できない」ときの自分自身が否定されてしまう。
> 　　　　　　　　　　　　　　　　　　　　　　　　　（深澤，2005：15）

このように評価が入らない現状の背景には，自己肯定感をもち得ていない子ども状況が浮かび上がってくる。結局のところ，自己肯定感をもち得ていない

状況で，教師がいくら評価したとしても，競争的関係を強化するだけか，あるいは教師をはじめとした大人への是認依存を強める結果しか待っていないのである。

4　自己肯定感を育てるための評価
——評価主体を育てるということ

　前節においては，自己肯定感をもち得ていない場合には，競争的関係をより強固なものにするか，あるいは他者による是認への依存をつくるのみ，と述べた。しかしながら，それは，評価を行う前提条件のなかに自己肯定感がある，という意味では決してない。なぜならば，自己肯定感はもっている／もっていないという二元論的に捉えられる性質のものではないからである。自己肯定感をもたせてから評価する，というよりもむしろ，評価を通して自己肯定感を育てる，という視点が求められる。

（1）自己肯定感と学習の捉え直し
　ここで「自己肯定感」という概念を確認しておかねばならない。高垣忠一郎は以下のように自己肯定感を説明している。
　　自己肯定感は決して，自分には他人に自慢できるところがあるから，人よりも優れたところがあるから，自分を肯定するという感覚ではない。自分のダメなところや弱いところ，悪いところも含めて自分が存在していることはいいことなのだ，許されているのだと，自分をまるごと肯定する存在レベルの自己肯定感である。　　　　　　　　　　　（高垣，2004：171）
この記述のなかには二つの自己肯定のあり方が描かれている。「何か優れたところがあるから」という肯定と，「悪いところもあるが」という肯定である。前者の肯定のあり方は，能力主義的な肯定のあり方と言うことができる。しかし，重要なことは高垣が，この肯定のあり方を自己肯定感には含めていないということである。確かに，この側面のみで評価を行うことは，競争的価値観の世界に子どもたちを追い込んでしまうのであろうし，そのことが前述した「指

導が入らない」子ども状況を形成してきたのである。そうではなくて，子ども自身まるごとの存在を肯定するあり方が自己肯定感だと彼は規定しているのである。

このような自己肯定感は，学習外の場面での他者との関わりにおける評価によって涵養されるものと捉えられがちである。だが授業の場面においても無関係なのではない。むしろ，授業や学習のあり方を考えるうえで，「できている－できていない」あるいは「優れている－劣っている」という一つの物さしによって評価される学習の世界から，様々に捉えられる学習の世界へと，学習の広がりを捉える可能性を，高垣による自己肯定感概念は提起していると考える必要がある。

（2）新たな学習観と評価観の転換

現実に，広がりをもった学習の捉え方が，学校教育のなかにも浸透してきている。具体的には，学習者が知識を受容する客体的な学習から，学習者が知識を獲得する主体的な学習へ，という学習観の転換が求められていることなどが挙げられる。それとともに，評価観をも転換する必要性が従前より提起されてきている。

このような学習観の転換に関して，その理論的基盤となっている論の一つが，構成主義である。構成主義とは，「知識はその主体によって固有に構成される」という知識観を展開している考え方である。構成主義の特質を考えるうえで重要なことの一つは，学習の固有性である。つまり，学習という営みが学習者自身のものであり，さらにいえば学習者一人ひとりによって異なる，多様な過程をたどるものだということを，構成主義は提起しているのである。そのように考えると，学習の成果もまた，個人的に構成された学習者固有のものと捉えられねばならない。

ただし，ここで間違えてはならないことは学習の過程や結果が学習者によって異なるという学習観は，学習の個別化を意味してはいないということである。むしろ，本書の第4章や第5章で挙げられている，「開かれた学び」あるいは「つながりのある学び」の前提となる学習観である。学習者によって学習が異

なるからこそ、他者に開かれる必要性、あるいは他者とつながる必然性が生じるからである。

学習者固有の学習過程、および個人的に構成された学習の成果をどのように評価するのか。この点については、近年「ポートフォリオ」や「概念地図」などの評価ツールに多くの注目が集まり、それらを用いた実践も多く行われてきている。

「ポートフォリオ」とは建築家などの分野においても幅広く使われている言葉であるが、教育については「学習者自身の『学びの足跡、軌跡』を残そうとしたもので、その子の自己成長ファイル」（寺西、2004：363）と説明されるものである。簡潔に言えば学習過程のなかで、どの作品を評価の対象とするのか、またどのように評価するのか、という決定に学習者を参加させる試みであるという点が重要である。学習者固有の学習過程を他者のみによる評価に任せるのではなく、学習者自身も評価に参加する、自己評価の視座がここには見えるのである。そしてこのことは学習者を評価主体として育てる試みでもあり、そのことによって学習を学習者本人のものへ、学習者を学習主体へと戻す意図があるのである。

（3）自己評価の陥りやすい課題

自己評価はポートフォリオなどの新たな評価ツールの登場によって初めて注目を浴びているのではない。我が国の評価論において、自己評価の必要性は、むしろつねに論じられ続けてきた。しかしながら、その実践化に対しては、いまだ課題が残されているように見える。それは、我が国における自己評価が用いられている実践への、田中耕治による次の指摘に如実に表現されている。

> 今日、自己評価の重要性が指摘され、「自己評価カード」や「自己評価表」などのさまざまな興味深い提案がなされるようになっている。しかしながら、そのような提案や実践のなかには、たとえば「自己評価カード」の内容が、成績をつけるための判定項目のひとつになっている場合がある。つまり、「外的な評価」の一手段になっているのである。すると、子どもたちの側では、「自己評価カード」も一種の「テスト」として受け止め、「自己防衛」が始ま

る。こうなると，自己評価は確実に空洞化していく。　　　（田中，2008：127）

　この田中の指摘に表されているのは，自己評価という方法を用いた際に陥りやすい問題点であり，このような状況はしばしば見受けられる。このような状況になってしまう原因はどこにあるのだろうか。その原因の一つには，その自己評価が何のためのものなのかという「目的」に問題があると考えられる。自己評価においては，「なぜ，評価をしているのか」という問いが学習者のなかに自覚されていなければならない。その問いを通して目的と評価を関連づけさせることこそが，自己評価のもつ教育的意義の一つなのである。評価を自身が行うなかで，学習者自身に，この学習が何を目指すものだったのかを省察させうるからである。

　一つ例を挙げるならば，自己評価カードの項目のなかに，しばしば見受けられるものの一つとして，「自分の意見を発表することができましたか？」というものがある。「A：よくできた／B：ときどきできた／C：できなかった」などに○をつけさせるのである。おそらくこのような自己評価カードを毎回つけさせていても，この自己評価が形骸化してしまうであろうことは想像に難くない。やはりここでもまた，目的が不明確だからである。

　本章の第2節で述べたように，評価は学習を改善していくことにその目的があり，そのために指導と評価の一体化が求められているのであった。この自己評価カードの例でいえば，自分の意見が「発表できない」状態から「発表できる」状態へと進むために，自己評価はなされねばならない。このような視点から自己評価カードを考えると，回答の選択肢は学習の道すじとして構想されねばならない。たとえば，Bは「ノートを見ながらできた」などが考えられるだろう。自己評価をさせることで，発表できないときにはノートにまず自分の意見を書いてみる，という指導につながるわけである。

　ここで再度，田中の指摘に戻ってみれば，そこで行われているのが外的評価のための自己評価だと言い換えられる。つまり，自己評価と外的評価の関連の問題である。授業実践のなかに自己評価を位置づけたとしても，教師による外的評価の枠組みから抜け出す可能性のないままであるならば，それは学習者を学習主体へと育てることにはならない。そうであるのに，自己評価の目標が外

的評価のために存在してしまっているわけである。

　自己評価を教育学的側面に位置づけた安彦忠彦も，自己評価と外的評価である他者評価との関係に着目し，自己評価に関して論を進めている。安彦は，単なる学習者自身による自己評価を批判している。そうではなくて，「『自己評価』は，単なる自分だけの評価から，『他者評価』を取り入れて一段高い質の『自己評価』に高まらなければならない」（安彦，1987：115）として他者評価と自己評価の求められる関係を規定し，「『他者評価』というものを身に受けないことには，より健全な『自己評価』にはならない」（安彦，1987：116）としている。

　このように考えるならば学習自身に評価をさせさえすれば，実りある評価となるわけではないことがわかる。重要なことは，自己評価と他者評価とを関係的に捉えることである。ただし，両者の関係は，他者評価から自己評価へという「転換」として，あるいは両者の「バランス」として，考えられるものではない。視座の異なっている両者は，相互に補完される関係として捉えられねばならない。

5　評価主体＝学習主体を育てるために

　前説のように，望ましい自己評価のあり方を他者評価を通した自己評価と捉えるならば，評価主体とは，自分一人で完結した評価ができるものを意味するのではない。他者評価を含め，どのような方法で自らの学習を評価するかを決められる存在こそが評価主体と捉えねばならない。「どのように評価するか」という問いを考えるためには，自らの学習を俯瞰的に把握しておくことが不可欠となる。その意味で，評価主体を育てるということは，学習主体を育てることに他ならないのである。

　ジーベルト（Siebert, H.）の「すべての評価の道具は，最終的にはそれぞれ固有な方法で，ひとつの現実（Wirklichkeit）を構成している」（Siebert, 1999:172）という論述は，評価に内在する課題を端的に表現している。ポートフォリオにしても，学力テストにしても，そしてそのテストがPISAをはじめとした複雑

で多様な側面を測定しようとするものであっても，すべての評価法は，学習過程および成果の一部を切り取ることしかできないのである。評価ツールに対するいわば万能感を相対化し，学習に役立てようとする動きこそが，学習主体に育てる第一歩と言えるだろう。

> **学習課題**
> （1）「公」教育である学校教育で，評価を行う目的とは何か，考えてみよう。
> （2）相互評価を取り入れることは，学級を「相互監視社会」にする危険性をも含んでいる。そうならないためにどのようなことが考えられねばならないだろうか，話しあってみよう。

参考文献

安彦忠彦『自己評価――「自己教育論」を超えて』図書文化，1987年。
鈴木義昭『教員改革』東洋出版，2006年。
髙垣忠一郎『生きることと自己肯定感』新日本出版社，2004年。
田中耕治『教育評価』岩波書店，2008年。
寺西和子「ポートフォリオ評価」日本教育方法学会編『現代教育方法事典』図書文化，2004年。
西岡加名恵「絶対評価と相対評価」同上書。
久田敏彦「学級教育の脱構築のドラマ」『学級崩壊克服へのみちすじ』第Ⅳ巻，フォーラム・A，2000年。
深澤広明「評価活動による「競争心」の組み換え」『現代教育科学』586号，明治図書，2005年。
森毅『生きていくのはアンタ自身よ』PHP文庫，1992年。
諸岡康哉「指導と評価の一体化（フィードバック）」恒吉宏典・深澤広明編『授業研究重要用語300の基礎知識』明治図書，1999年。
B.S.ブルーム／J.T.ヘスティングス／G.F.マドゥス著，梶田・渋谷・藤田訳『教育評価法ハンドブック』第一法規，1973年。
山﨑隆夫『パニックの子，閉じこもる子達の居場所づくり』学陽書房，2001年。
吉本均著，白石陽一・湯浅恭正編『現代教授学の課題と授業研究』明治図書，2006年。
Siebert, H.: Pädagogischer Konstruktivismus. Luchterhand, 1999.

（髙木　啓）

第7章 子ども観と学級づくり

　「自分のことなんて誰もわかってくれない」と嘆く子どもと「自分の思いが子どもに届かない」と悩む教師とがわかり合い，出会い直すことは可能だろうか。可能だとするならば，教師は何を考え，どのように振る舞えばよいのだろうか。

　本章では，こうした問いを念頭に置きながら，子ども観の問題が教育実践のなかでどのような位置づけをもってきたのかを明らかにしつつ，これから私たちはどのような子ども観を育んでいけばよいのか，どのようにしてその子ども観を教育実践に反映させていくことができるのかについて考えていきたい。

　ここではとりわけ，子ども観を「ある一人の子どもを見つめる」という理解にとどまるのではなく，他者とのないしは集団との関係で子ども観を理解していくことが重要なポイントとなる。このことの意味と実現の視点について，以下でともに考えていこう。

1　子ども観と教育実践

（1）子ども観とは何か

　子ども観――それは子どもを「見る」ことではなく，「観る」ことである。『新潮日本語漢字辞典』（新潮社，2007年）によれば，「見る」とは「物の姿形や色などを，目を使って感じとって知る」「受け身の立場で目を使って知る」意であるが，「観る」とは「対象の様子に注意して目を使って調べる」「物事の姿をとらえることによってその本質をとらえる」意であり，さらには「物事の見方，考え方」という意である。こうした辞書的定義に依拠するならば，子どもを「観る」とは，子どもの表面上の様子を視界に入ってくるがままに「見る」ことではなく，子どもの様子をとらえることを通してその子どもの本質に迫ろうとすることであり，子ども観とは，そのような姿勢でもって子どもと向

かい合おうとする考え方を指すと，さしあたり規定しておこう。

　歴史を振り返ってみるならば，「子どもの様子をとらえることを通してその子どもの本質に迫ろうとする」営みは，古くはルソー（Rousseau, J.J.）が『エミール』のなかで示した，子どもを「小さな大人」として見るのではなく，子どもを，子ども時代を生きる固有の存在としてとらえ，発達の観点から子どもとはいかなる存在であるかに迫ろうとした営みにさかのぼることができる。さらには，19世紀末から20世紀初頭にかけて，子どもを教育内容の伝達・注入の対象としてとらえようとする当時の教育の在り様に抗し，「子どもから」の教育学を標榜して教育を刷新しようとした新教育運動においてもまた，子どもの本質に迫ろうとする営みが展開された。そこでは，子どもを生活主体として，また自己活動の担い手として観ることが提起され，後の教育学や教育実践の深化・発展に多大な影響を与えることになる。

　日本における教育研究ならびに教育実践の積み重ねのなかでもまた，子ども観は洗練され，鍛えられてきた。たとえば，「固有名詞」をもち，「一人のなかの『二人の自分』」をもつ存在として子どもを観ることや，「否定のなかに肯定をみる」という姿勢で子どもを観ることがその代表的なものであろう。日本の教師たちは，「一般的な子ども」を想定して教育にあたろうとしたのではなかった。そうではなくて，目の前の一人ひとりの子どもと向かい合うことを自らに課し，子どもたちがどれほど荒れた姿を見せようとも，彼ら／彼女らのなかに「よくなりたい」「がんばりたい」と思っている「自分」を見い出し，「よくなりたい自分」と「荒れてしまう自分」とのあいだでゆれ，葛藤する彼ら／彼女らに寄り添い，その上でなお，「よくなりたい自分」に向かって呼びかけ，「よくなる」方へと指さす教師であろうと努めてきたのであった。

　『エミール』や新教育運動のなかで示された子ども観や，日本の教師たちが培ってきた子ども観から示唆されるように，子ども観は教育実践の方向性を左右する重要な位置にあることがわかる。それぞれの教師がもつ子ども観の如何によって，教育実践の展開そのものが異なる様相を呈することになるのである。

（2）指導の放棄へと導く子ども観

　子ども観の如何によって教育実践の展開そのものが変わってくるということは，子どもたちの教育を受ける権利を踏みにじったり，彼ら／彼女らの発達可能性を否定したりするような，換言するならば，子どもに対する指導の放棄を招来するような子ども観もありうることを意味する。

　典型的な例は，「ゼロ・トレランス」と称される，種々の「問題行動」を起こした子どもに対し寛容の精神を度外視した対応を強要する政策動向に由来する子ども観であろう。そこには，「ゆれる存在」として子どもを観る意志など存在せず，善悪の判断基準を強者の側が握った上で，「悪」と判断した者に対して「毅然とした対応」という名において断罪することが求められてさえいる。ここにある子ども観は，強者の言いなりになってしかるべき存在として子どもを観ているのであり，意にそぐわなければ力ずくで特定の価値観をその身体に刻み込んでも構わない存在として子どもを観ているとでも言えようか。

　子どもを強者にとって都合のよいように変形させることが可能であり，求められてもいるという子ども観が教育現場に浸透しつつある今日的な状況にあって，他方では，一見善意からのふるまいに見える場合もあるが，結果として指導放棄へと陥る子ども観もまた拡がりつつある。

　たとえばそのことは，発達障害のある子どもと向かい合おうとする際に現れる。「あの子には発達障害があるから○○ができなくても仕方がないし，一つの個性でもある。したがって，あの子ができないことは私のせいではない」といった，自らの指導の不十分さに対するいわば「免罪符」の役割を「発達障害」というキーワードが果たす場合がある。また「あの子はアスペルガー症候群だから，△△をしてあげればよい」といったように，特別なニーズに応答しているつもりであったとしても，結果としては，「固有名詞」を離れた，アスペルガー症候群の子ども一般に対する画一的な対応になり下がっている場合もある。これらはいずれも，発達障害がその子どもの一側面でしかないにもかかわらず，その子どもの「本質」であると錯覚しているがゆえの誤りであろう。これらはいずれも，「固有名詞」をもった当該の子どもにとって最も必要な指導が放棄される可能性が高く，むしろそのことを正当化しさえするような子ど

も観につながりかねないことは押さえておく必要があろう。

（3）往還関係としての子ども観と教育実践

　子どもを観るとは，子どもの様子をとらえることを通してその子どもの本質に迫ろうとすることだと規定しておいた。だが，その「本質」を強者の側に都合のよいように理解したり，発達障害の特徴を過度に重視したりすることは，子どもに対する指導放棄を招きさえする。とりわけ，指導放棄の方へ誘う有形無形の圧力が教育現場を取り巻いている今日的状況のなかで，そうした流れに抗して自らの子ども観を磨き，鍛え抜くことはいかにして可能となるのか。

　子どもたちは，学校のなかでさえ様々な姿を見せる。教師の働きかけに応じて特徴的な姿を見せることもあろうし，教師の働きかけとは無関係に，子どもたち同士での関わり合いのなかで複数の姿を見せることもあろう。そうした一つひとつの姿の意味をある特定の観方で説明するのではなく，様々な姿を見せることの意味そのものを気にとめ，なぜそうした姿となって現れてくるのかを探求し続けることで，子どもの観方そのものを刷新していく。子ども観とは，いつの時代にも，どんな子どもにも当てはまる便利な「物差し」の類ではない。そうではなくて，いつの時代の，どんな子どもであっても見捨てることなく関わり続けていくための手がかりを我々に与えるものなのである。

　こうした，いわば修正可能性に開かれていて，子どもたちの見せる表面的な姿の向こう側にあるものを浮かび上がらせうるような子ども観を，日本の教師たちは実践を積み重ね，それを理論的に検証していくなかで，鍛え抜いてきた。その際，子ども観を磨き，鍛えるためのいくつかの原則をも見いだしてきた。以下では，そうした原則のうち，「権利行使主体として子どもを観る」「発達主体として子どもを観る」「関係性を生きる存在として子どもを観る」を取り上げ，それらの観方と子ども観の深化との関係について考察を進めていこう。

2 子ども観の原則と実践的視点

(1) 権利行使主体として子どもを観る

　日本においては、すでに1960年代の授業研究運動ならびに学習集団研究の進展のなかで、子どもたち一人ひとりの学習権を保障するための授業や教師の指導の在り様が模索されていた。そのことは日本の教師たちの「誰一人として排除しない」教育や授業の実現という理想の追求の一環でもあったが、その理想に向かう研究と実践を進めていくなかで、子どもにも権利があるという子ども観を培い、その権利を保障するために教師にできることは何かという問いを深めていくことになった。

　こうした権利保障という視点からの子ども観は、その後の社会状況や思想状況、そして何よりも目の前の子どもたちの状況からよりいっそうの深化・発展を遂げていく。たとえば「学習権宣言」(1985年)や「子どもの権利条約」(1989年)との出会いのなかで、さらにはマイノリティやジェンダー、特別なニーズ等に関する研究と実践の深まりのなかで、「子どもの権利を保障する」という視点だけではなく、「子どもは権利行使の主体である」ないしは「子どもを権利行使の主体として育てていく」という観点を獲得することになった。このことは、子どもたちの目にこの世界はどう映っているのかという問いにつながり、子どもたちが自らの言葉とともにこの世界へ参加していくためにはどうすればよいのかという問いにもつながっていったのである。

　他方で、1990年代以降避けて通ることのできない課題として貧困の問題が可視化されるようになるなかで、教育基本法(1947年)の「改正」をめぐる一連の動きとも相まって、「教育を受ける権利」(日本国憲法第26条)を幸福追求権(同13条)および生存権(同25条)等とかかわらせながら把握する視点を獲得してきた。つまり、自由権と社会権とが出会う場において「教育を受ける権利」を把握したうえで、子どもにも当然あるこれらの権利をいかにして保障していけばよいのか、子どもたちをこれらの権利の行使主体として育てていくためにはどうすればよいのかという問いが自覚されてきたのである。

2011年3月11日以降,「子どもの権利を保障する」ことと「子どもを権利行使の主体として育てていく」こととをいかにして実現していくかという問いは,その重要さを増してきている。すなわち,この問いを引き受けながら子どもを観ることが,今あらためて求められているのである。

（2）発達主体として子どもを観る

　そもそも『エミール』における「子どもの発見」は,子どもを発達段階に即して観ようとするものであった。心理学や社会学においても,身体的な発達や精神的な発達はもとより自我の発達等々についても,貴重な営為が積み重ねられてきた。子ども観の深化にあたって,これらの成果が果たした影響は大きい。

　その一方で,日本の教師たちは,「新たな荒れ」や「学級崩壊」というキーワードで語られる1990年代以降の子どもたちの問題状況に向き合い,その分析を進めていくなかで,発達の観点を再発見して自らの子ども観を深めてもきた。

　興味深いことに,この発達の観点の再発見は,子どもたちを個々ばらばらに見つめ,個々人の発達の在り様を分析することで達成されたものではなかった。そうではなくて,問題行動を頻発させる子ども集団の分析を進めていくなかで,一人ひとりの発達の在り様に着目することになったのである。

　典型的には,子ども集団の内部で起こるトラブルに対する,次のような分析である。そうしたトラブルは,互いに誘い誘われて,ルール変更も視野に入れながら集団的に遊んだり活動したりすることを通して,大人の世界から相対的に独立した子どもの世界を立ち上げていくことを喜ぶ少年期に入り始めた子どもたちのなかにあって,自分本位性を脱しきれていない,つまり幼児期の課題を十分には乗り越えていない子どもの行動をきっかけにして起きるものではないかという分析である。このことから,「なぜその子どもは幼児期の課題を十分に達成できていないのか」という問いが必然的に生まれるが,この問いについては,幼児期に先立つ乳児期において,養育者の自分に対する信頼や愛情を十分に実感することができず,その結果として,自らの存在に対する手応えあるいは自己肯定感を十分に育むことができていない子どもではないかという仮説が見いだされた。こうした子どもの場合,保育所や幼稚園に通っていた頃に,

同世代の子どもたちと思いをぶつけあったりともに楽しんだりする活動を十分に経験することができず，結果として幼児期の課題が積み残されてしまったのではないかとも考えられるようになってきた。

他方で，小学校高学年から中学校において問題行動を起こす子どもたちのなかには，少年期の子どもたちがつくりだすある種の開放的な世界を経験することなく，思春期の課題である「自分くずし」と「自分つくり」に向かい始めたことにより，思春期の課題達成に不可欠な親密な関係が必然的にもつ閉鎖性に苦悩している者が少なくないこともわかり始めてきた。さらには，乳児期あるいは幼児期の課題を引きずったまま中学生になり，自らの存在に手応えのないまま「自分くずし」と「自分つくり」に向かうという，きわめて困難な課題に立ち向かわざるをえなくなっている子どもの存在も認識され始めている。

もちろん，上述した具体的な分析は仮説にすぎない。だが，目の前の子どもたちの表面的な姿の向こう側に何かを観ようとするとき，彼ら／彼女らがその子たちなりの発達の途上にあるという観点が重要な役割を果たすことを，日本の教師たちは実践的にも理論的にも確かめてきたのである。

（3）関係性を生きる存在として子どもを観る

いわゆる「キレる」子どもの問題状況が深刻であればあるほど，その子どもが四六時中「キレ」ているかのような錯覚に陥ることがあるかもしれない。だが冷静に考えてみるならば，24時間「キレ」続けることは，どんな人間にも不可能なことである。したがってその子どもにもまた，「キレる」ときとキレないときが必ずある。ここには，大きな実践上の手がかりがある。その子どもはいつ「キレる」のか，どこで「キレる」のか，「キレる」ときに共通する事柄は何か，「キレる」ときとキレないときの違いは何か等々がわかれば，指導方針は必ず浮かび上がってくる。すなわち，子どもを観ようとするとき，当該の子どもが現在において「ヒト」（＝教師や養育者をはじめとしたその子どもの周りの大人および友だち等の周りにいる子ども）や「モノ」（＝遊び道具を含めた身の周りのもの），「コト」（＝その子をめぐって起こった出来事や社会的な出来事）とどのような関係性を築いているのかという観点が重要な位置を占

めるということである。

　加えて，現在における「ヒト」「モノ」「コト」との関係の在り様を浮かび上がらせ，その関係の意味を問い，なぜその子どもがこうした関係を築くに至ったのかを問うていくならば，必然的にその問いの矛先は，当該の子どもに今まで何があったのか，どのような生き方をしてきたのかあるいはせざるをえなかったのかといった，彼／彼女が生きてきた歴史において「ヒト」「モノ」「コト」との関係はどうであったのかという問いへと向かうことになる。たとえば，友だちの「できないこと」をあげつらい，嘲笑しようとする子どものなかには，その子ども自身がかつて自らの「できないこと」を他人から嘲笑され，人格を否定されさえした経験をもつ子どもが数多く含まれることは周知の事実である。この事実を目の前の困難な子どもにおいても確かめることができるなら，その子どもに対する指導の方針に一定のめどが立つことは明らかであろう。

　しかしながら，この問いは，ともすると「あの子が○○なのは△△という理由があるからだから，私にはどうすることもできない」といった，指導放棄を正当化する「答え」を導きかねないことは否定できない。この危険を承知の上で，それでもなお当該の子どもの生きてきた歴史を，日本の教師たちは問うてきた。それは，彼／彼女を決して見捨てない教師で在り続けるためであったことを肝に銘じておく必要があろう。

　日本の教師たちは，子どもたちが築きだしている現在における「ヒト」「モノ」「コト」との関係の在り様と，彼ら／彼女らの生きてきた歴史を観るという観点を，実践の積み重ねのなかで培ってきた。一部にはそのことを「横軸と縦軸とで子どもを観る」とも表現して，日々子どもたちと向かい合っている教師たちもいる。子どもたちの状況が困難であればあるほど，その子どもたちを見捨てることができればどんなに楽だろうかと思ってしまうこともあろう。だが，日本の教師たちは，「横軸と縦軸とで子どもを観る」という子どもの観方を手に入れることで，子どもたちを決して見捨てることなく，彼ら／彼女らの成長と発達に伴走し，指導することさえできる教師で在り続けようとしているのである。

3 子ども観の深化と学級づくりの発展

「権利行使主体」「発達主体」「関係性を生きる存在」としての子どもという観点から、目の前の子どもの表面的な姿の向こう側にあるものをとらえようとすることこそ、子ども観の内実をなすものとして議論してきた。この議論を進めていくにあたって、「子ども観とは教師の子ども観である」ということを、いわば暗黙の前提にしていた。

しかしながら、当然のことであるが、子どもを観るのは教師たちだけではない。子どもたちもまた、友だちを、そして自分自身を観ている。

日本の教師たちは、「子どももまた、子どもを観ている」という当たり前の事実を大切にしてきた。ある子どもが別の子どもを観てふとつぶやく言葉から、たくさんのことを学んでもきた。その一方で、友だちの表面的な姿をただ「見る」だけで、「観る」ことをしようとしない、あるいは「観る」ことができない子どもたちが現れ始めていることに危機感をいだいてきた。

こうした実践の積み重ねのなかで、「教師の子ども観」と「子どもの子ども観」とを交流し、教師と子どもとが互いの「子ども観」を磨き合うことが、教育実践の重要な一側面として位置づけられてきた。以下では、教師と子どもの「子ども観」の磨き合いの内実を「出会い直し」というキーワードで整理しながら、本章のタイトルにおいて、「子ども観」と「学級づくり」とが「と」でつながっていることの意味に迫ってみることにしよう。

(1) 子ども観が深まるとき

子どもを、権利が保障されるべき存在であると同時に権利を行使する主体として育てようとする観点から観たり、発達する主体として観たり、さらには関係性を生きる存在として観たりすることを原則にして、日本の教師たちは自身の子ども観を深化させてきた。だが当然のことではあるが、こうした原則をふまえていればいつも子ども観が深まるというわけではない。

では、子ども観が深まるのはどのようなときであろうか。それは、今まで自

分の目に見えていた子どもの姿とは別の姿を観ることができるようになったとき，あるいはその子どもの姿に対して今までとは違った解釈ができるようになったとき，子ども観は深化するのではないだろうか。

　このことが可能になるにあたっては，一方では科学的ないしは学問的な見地にふれる経験が果たす役割は大きい。たとえば，発達障害のある子どもや被虐待の経験がある子どもの行動の意味を解釈したり，そうした子どもの内面世界に対する想像力を発揮しようとしたりする際に，精神医学や小児医学等の知見からは多くのことを学ぶことができよう。また，近年のデモクラシーをめぐる政治学の議論に学ぶならば，「集団行動ができない子ども」や「文句ばかり言う子ども」にしか見えなかった子どもに対して，周囲に伝わりにくい不器用なやり方であるにせよ，「集団のもつおかしさに対して異議申し立てをしている子ども」という観方ができることもあろう。

　他方で日本の教師たちは，自らの実践を仲間たちとの検討の俎上に載せたり，仲間の実践を検討する輪に加わって論議に参加することで実践的な知見を手に入れ，そのことを通して新しい観方や解釈を可能にしてもきた。

　こうした観方を手に入れることで，子どもたちの表面的な姿の背後に隠れているものへの想像力を研ぎ澄ませることとなる。このとき，日本の教師たちが想像力を研ぎ澄ました結果浮かび上がらせたものは，子どもの行為には子どもがその行為を行うに至った「理由」が必ず存在するという事実であった。

　日々の実践のなかでこの事実に遭遇するたびに，教師と子どもは新たな地平に立つことになる。このことに関して，項を改めて検討してみよう。

（2）教師と子ども／子どもと子どもの出会い直し①：行為の背後にある「理由」を言語化する

　困難な課題を抱えた子どもであればあるほど，なぜその子どもがある行為に至ったのかを他人が推し量ることは難しい。本人でさえ，その行為に至った理由を明確に語ることは稀である。むしろ，行為の理由を明確に語ることのできる子どもは，問題行動を頻発させはしないとも言えよう。

　「理由」がわからないという状況は，「恐怖」以外の何ものでもない。理不尽

な暴力がその典型であろうが,「突然キレる」と噂されている子どもが周りの子どもたちから忌避されるのは,ある意味で当たり前のことである。換言するならば,「理由」がわからない状況を放置することは,その子どもを排除することに間接的に手を貸していることに他ならない。

　子どもの「やること／やったこと」には必ず「理由」があるということは,日本の教師たちが経験的に確かめてきた真理である。いや,それは「願い」ですらあるかもしれない。「理由」さえわかれば,その子どもとの交通の回路が開かれ,彼／彼女を守り,ケアし,指導する可能性が生まれるからである。

　だが,困難な課題を抱えた子どもは,多くの場合,自らの行為の「理由」を語ることができない。「理由」を聴き取る対話的な関係が結ばれることなく,ただその行為の「悪」だけが断罪され,結果として「理由」を探すまなざしも,それを語る言葉も奪われ続けてきた子どもだからである。だからこそ日本の教師たちは,たとえば友だちの作品や意見に暴言を吐き続ける子どもに対し,「あなたも同じことを周りの友だちに言われてきたの？」と問いかけ,その子どもの反応を観ながら,「理由」を探ろうとしてきたのである。

　ここで重要なことは,「理由」を言語化するということである。このことには二つの意味がある。一つは,その子どもに自分自身と向かい合う手がかりを与えるためであり,もう一つはその「理由」を周りの子どもたちとともに考え合う手がかりとするためである。このとき,教師と子ども,そして子どもたちは,言葉を介して当該の子どもの行為の意味にふれる。行為の意味にふれることは,今まで知っていたその子どもの姿とは別の姿に出会うことでもある。今までは知らなかった／気づかなかった子どもの姿に出会い,認識と関係を再構築すること―日本の教師たちはこのことを「出会い直し」と呼んで,教師と子ども／子どもと子どもの関係を再編し,自らの子ども観をも深める重要な契機として自覚しようとしたのである。

（3）教師と子ども／子どもと子どもの出会い直し②：「悲しみの経験」への想像力の発揮と共有課題の意識化

　困難な課題を抱えた子どもがいわゆる「キレる」子どもであった場合,その

「キレる」行為に理由があったにせよ，他人を傷つけたり物を破壊したりするといった攻撃性に目を奪われて，ある重要な事柄がないがしろにされてしまうことがある。また，困難な課題を抱えていても，種々の事情から感情を表に出すことを抑制し，片隅で息をひそめるかのように生きている子どもの場合も，その表面的な「問題のなさ」に油断して，同様のある重要な事柄に気づくことができないままになってしまうことがある。

　ここでいう「ある重要な事柄」とは，そうした子どもたちもまた傷つけられ続けているかもしれないということである。虐待やDV等の暴力に晒され続けている場合はもちろんのこと，何か問題が起こったときに，事実確認もそこそこに「お前がやったんだろ！」と詰問され，「どうせあいつがやったに違いないんだ」と陰口をたたかれ続けながら生きることがどれほど苦しいか，私たちは思い浮かべることができるであろうか。「どうせぼくが／わたしが悪者なんだ！」と開き直ることでしかこの状況を受けとめることができないことがどれほど苦しいか，私たちは想像することができるであろうか。

　今日，教育学や政治学の分野において，「傷つきやすさ」(vulnerability) という概念に注目が集まりつつある。人間のもつ一側面に「傷つきやすさ」を観て，傷ついた人間同士が，あるいは傷ついた人間とこれから傷つくかもしれない人間とが手を携え合い，互いに安心で安全な関係性や社会をどのようにつくりだしていけばよいのかという問題意識に基づいて議論が進められてきている。そこでは，傷つけられたという事実がその当事者に「悲しみの経験」を与え，当事者による「悲しみの経験」の語りが，周りの者に何こそが傷つけられてはならないのかを気づかせ，「悲しみの経験」をその当事者にも周りの者にも二度と与えないために何をどうすればよいのかという課題を，「公共の課題」として立ち上げていくという図式が構想され始めている。

　実際に，困難な課題を抱えた子どもが自らの「悲しみの経験」を涙ながらに語るのを聞いた周りの子どもたちが，互いの関係性を編み直していくという実践の事実は枚挙にいとまがない。もちろん，言うまでもないことであるが，「悲しみの経験」の語りに大きな可能性があるにしても，口を閉ざしている者に無理矢理語らせることはただの暴力であり，二重にも三重にも傷つけること

第7章　子ども観と学級づくり

になるかもしれないことには十分な配慮が必要である。その上でなお，傷つけられた子どもがその事実を受けとめ，それを「悲しみの経験」として語り，周りの者に聞き取ってもらうことによって，今とは別の関係性や社会が構築される可能性があることは，重要な視点として押さえておきたい。

（4）互いの自立を支え合う子ども集団の確立

　子どもの行為の「理由」を言語化し，「悲しみの経験」の語りを聴き取っていくことは，上述してきたように，言語を介して友だちのなかに自分の姿を見つけたり，友だちが直面している問題を自分たちの課題として受けとめたりして，その課題克服のための知恵を出し合い，行動に移していくことができるような集団を育むことを見通したものである。この構想は，「関係性を生きる存在」として子どもを観るからこそ必然的に浮かび上がる指導構想であり，子どもたちを自らが所属する関係の在り様や集団の在り様をつくりかえていく主人公に育てていこうとする指導構想でもある。

　しかしながら，今日の子どもたちが生きる状況においては，子どものある行為の「理由」や「悲しみの経験」の語りがすべて，周りの子どもたちの共感を呼び，自分たちに共通する課題であるとして引き受けていけるようになるには，高いハードルがある。他人に頼ることなく生きていくことのできる「強い個人」が喧伝され，弱い存在であることが忌避される時代状況のなかで，「僕たちはがまんしているのに，そんなことでキレるなんてあいつは甘えてるんだ」「そんなことで傷つくなんて，あいつはやっぱり弱いやつだ」といった評価がなされてしまい，困難な課題を抱えた子どもたちの「理由」や「悲しみの経験」が公共の課題を立ち上げるきっかけになるどころか，ますます個人の弱さをあげつらうことにさえなる状況があるからである。

　今や，日本の教師たちが鍛え上げてきた子ども観の真価が問われている。日本の教師たちが培ってきた子ども観は，弱い存在の子どもを蔑む子どもたちの，まさにその蔑むという行為の「理由」に迫り，強者の側にしがみつこうとしている子どもたちの「悲しみの経験」に迫ろうとすることに導く。また，この一連の営みのなかで，教師と子ども／子どもと子どもの出会い直しを実現させ，

互いに安心で安全な集団をつくり出していくことへも導く。つまり，日本の教師のもつ子ども観には，教師と子ども／子どもと子どもが共に生きる場の創造という思想が根底にあるのである。

（5）実践記録を書くことと教師の成長：まとめにかえて

　日本の教師たちが世界に誇るべき文化がある。それは，一人ひとりの教師たちが自主的に実践記録を書き，その記録を共同で分析し合うことを通して，教師としての互いの成長を支え合ってきたという文化である。

　実践記録とは，その名のとおり，教師による教育実践の記録である。そこには，その記録の執筆者である教師に見えていた子どもや子ども集団の姿とその姿に対する教師の思い，その子どもや子ども集団に対する指導の事実とその指導を行うにあたっての判断の根拠，さらには指導の結果としての子どもや子ども集団の姿等が書かれている。言うまでもなく，これらの内容を書き，綴ること自体，執筆者である教師に自らの実践に対する内省を促し，明日の指導への見通しを確かなものにしていくことになる。だが日本の教師たちは，あくまでもこの営みを共同の営みとして引き受けてきたのであった。

　一つの実践記録を読み，問いを投げかけ，執筆者の教師が書くことのできなかった，つまり見えていなかったり意識していなかったりするような子どもの姿や指導にあたっての教師自身の考えを言語化することを支え，そうして引き出された新たな事実をふまえながら，「教師の子どもの観方―指導に至るまでの分析の在り方―指導の事実―その後の子どもの姿」の関係を共同で分析し合い，その指導のよさと課題を明確にすることを通して，今後の指導の見通しを構想する力を互いに養おうとしてきたのである。それは，子どもを誰一人として見捨てない教師で在り続けるために，いや，お互いにそうであるために，切磋琢磨しようとしてきた教師たちがつくりだしてきた日本の教師の文化であり，そのなかで日本の教師たちの子ども観は培われ，磨かれてきたのである。

　この文化の次の担い手となるのは，本書を手に取ってくださっているあなたである。子ども観をみがき，成長し続ける教師として，互いに歩んでいこう。

第7章 子ども観と学級づくり

学習課題

（1）「ワタシナンカ，モウ，ドウナッタッテイインダ」とつぶやく子どもの背後にある苦悩とは何なのか，仮説を立ててみよう。

（2）子どもたち自身が「私のなかにあの子がいる」ことを発見していくための指導のポイントは何なのか，仮説を立ててみよう。

（3）いくつかの実践記録を取り上げ，「権利行使主体」「発達主体」「関係性を生きる存在」としての子どもという観点から，その実践記録を分析してみよう。

参考文献

篠崎純子・村瀬ゆい『ねぇ！聞かせて，パニックのわけを——発達障害の子どもがいる教室から』高文研，2009年。

竹内常一『子どもの自分くずしと自分つくり』東京大学出版会，1987年。

竹内常一『いまなぜ教育基本法か』桜井書店，2006年。

土佐いく子『子どもたちに表現のよろこびと生きる希望を』日本機関紙出版センター，2005年。

ジュディス・L. ハーマン，中井久夫訳『心的外傷と回復［増補版］』みすず書房，1999年。

久田敏彦他編著『学級崩壊——かわる教師　かえる教室』全5巻，フォーラム・A，2000年（第5巻は2001年刊行）。

船越勝他編著『共同グループを育てる——今こそ，集団づくり』クリエイツかもがわ，2002年。

吉本均『学級の教育力を生かす　吉本均著作選集』全5巻，明治図書，2006年。

J.J.ルソー，今野一雄訳『エミール』（上）岩波文庫，1962年。

（福田敦志）

第8章 学習主体と学級づくり

　　　　　　　　学習主体，学級づくりという用語は，学校現場においては日常的に使われているものである。子どもを学習主体として捉えない教師はいない。また学級づくりを行わない教師もいない。それでは，学習主体と学級づくりとの関連性はどこにあるのか。これからの学校教育において，これらの概念は教育実践をより豊かにさせる可能性をもつものなのか。

　本章では，今日の学校現場の状況も踏まえつつ，日本の学習集団論と学級づくり論，アメリカのケア論と協同的学習論の研究成果を手がかりに検討を進めていく。このことを通して，これからの教育実践における学習主体の捉え方，また学級づくりを行っていく上での視座を明らかにしていきたい。

1　学習集団研究における学習主体

（1）授業指導と学級指導

　近年，学校現場での研究テーマとして，「かかわり合い」や「学び合い」を表題に掲げたものが増えてきている。こうした背景には，従前から報告されている学級経営の困難さや授業の不成立が挙げられる。これまでもこうした状況に対して，様々な理論的，実践的研究が進められてきているが，十分にその対応策が提起されているとは言い難い。

　これまでの研究においては，とりわけ子どもの生活や文化に焦点が当てられたものが多く見られた。たしかに戦後の我が国を見ても，その時々のわずか10年という短い期間に生活水準は大きく飛躍し続け，子どもたちの生活や文化も大きく変容した。かつては，学校が終われば外で遊び，家でテレビを観ていた子どもたちも，現在ではゲームを主流とした帰宅後の生活が多いと言われている。また一方で，学習塾へ通う子どもも多い。戦後わずか半世紀強の間に，子どもの生活には大きな変化が現れてきたのである。こうした学校外での生活と

学校での生活との連続性をいかに考え，学校教育において，どのように子どもたちの学びを深めていくかが重要な課題なのである。

ところで，近年の学校現場では，PISA調査をはじめとする種々の学力調査の結果を受け，「知識基盤社会」に対応できる学力が求められるようになってきている。とりわけ，子どもたちの学習意欲をいかに高め学力に結びつけていくのか，また授業規律や学級経営を基盤とした授業実践のあり方が問われてきている。後者について言えば，学級指導から授業指導へ，というベクトルになっていると言える。言い換えれば，学級づくりと授業づくりが二元論的に捉えられ，段階論的に捉えられてきているのである。

より詳細に述べるならば，これまで理論的にも実践的にも，授業指導と学級指導は二元論的に捉えられるものではなく，また段階論的に捉えられるものでもなかった。教育実践のなかでは，授業指導と学級指導は実践の両輪，相互補完的なものだったのである。

たしかに，授業規律や学級経営が重視される背景，すなわち教師たちの現在の様々な子ども状況への対応の苦悩を理解することは必要である。しかし，教育実践とは，子どもを学習主体として捉え，子どもたちの学びを保障するためにあるものであり，そのために授業指導と学級指導は密接な関連を保ちながら行われてきたことを忘れてはならない。

（2）学習集団と学習主体

1960年代半ばより，吉本均は，学習集団づくりに取り組んできた。そこでめざしたことの一つは，学習主体を育てることであり，もう一つは，訓育的教授の実現，言い換えれば，授業における「わかること」と「生きること」の指導の統一を図ることであった。

当時，教師からの一方通行的ないわゆる教え込み型の授業が多く見受けられ，「お客さん」ではなく，真に学習主体として授業に参加する子どもの育成がめざされたのである。吉本は，授業が教授＝学習過程であるならば，それは教授する主体と学習する主体との相互対決の過程であると捉えた。また，集団の教育力に着目し，一人ひとりの自主性，生活意欲や学習態度を高めるためには，

学習集団における仲間による支持や批判が必要不可欠なものであると捉えたのである。
　ところで，知識や技能を習得させる働きは陶冶と呼ばれ，確信や性格特性，行動の仕方を形成する働きは訓育と呼ばれる。陶冶のなされるところでは，同時に訓育もめざされることになる。授業における訓育（「生きること」の指導）は，学習集団によってこそ実現されるのである。
　学習集団を育て，授業を集団思考の過程として組織する場合には，子ども間で共同的な学習が行われる。それは，お互いの認識を共同で確認し合いながら確かな知識や技能へと子どもを導くとともに，学習をめぐる人間関係の民主化を図る。そして，それが成立するためには，子どもが主体として自由に対等に意見を表明し合い，互いに確認し合うことが必要なのである。このように共同的な学習においてこそ，子どもたちは，確信や行動の仕方を含め，「生きること」を学ぶのである。

2　戦後の学級づくりにおける関係性への着目と自治的集団の形成

（1）「親密な関係性の場」への志向

　戦後初期，特別教育活動およびその一つの活動領域としてのホームルームに関心が集まった。宮坂哲文は，ホームルームを「中等学校の学科担任制のもとにおいて，ともすれば失われがちな教師と生徒との緊密な個人的接触を保持し，また，ともすれば無視されるか解体されるかしがちな生徒相互の共同生活単位組織を確立し，そこで生活指導の仕事を組織的計画的に展開することを目的とする教育方式である」（宮坂，1950：6）と捉えた。また，「ホームルームなどにしてもその第一目的は，教師と生徒，生徒と生徒との間の親密化でなければならない。これが出発点でもあり，また到達点でもある」（宮坂，1953：319）と述べている。宮坂は，教師−生徒，生徒−生徒の関係性を重視し，生徒にとっても教師にとっても，親密な関係性の場としてホームルームを捉えようとしたのである。
　こうした親密な関係性の場としてのホームルームを提起する背景の一つには，

当時の全面的に教科担任制を採用している新制高校のなかで，交友関係にかかわる生徒の悩みが多く現れ，生徒側からホームルーム時間の増加希望が出されるようになっていたことがある。

　この時代と現在では，社会状況や生活状況，また子ども文化もまったく異なっている。しかし，1990年代後半のあらたな子どもたちの問題行動が出てきた時期には，「親密な友達がいない」「教師は自分のことを理解してくれていない」ということばが象徴するような，親密な，自己を受け止めてくれる他者を求める子どもたちの声が多く聞かれたのである。時代は異なるもののこうした親密な関係性の場を重視する提起は，今日においても示唆的である。

（2）親密な関係性の場と自治的集団

　親密化を重視する宮坂であったが，先に見たホームルーム論において，ホームルームの意義を，単にこのことにつきるものではないとしている。ホームルームの担っているもう一つの学校教育における役割を，「学校という共同生活体の基底的単位組織として，生徒たちの共同社会生活がそこを基盤としてはじめて展開されるところのいはば『基地』としての機能を担う点」（宮坂，1953：162）に求めた。また，「ホームルームが生徒相互の自治的な『生徒活動』の場所であると同時に，それがまた同時に生活指導すなわちガイダンスの場所であるというこの二重の構造が，ホームルームの問題の科学的考察と処理とにおいてもつと重要なことと思われる」（宮坂，1953：162）と述べている。すなわち，この二つの基本的特質を密接不可分な関係のものとして捉えつつ，ホームルームを，学校全体への広がりをも見通された基底的な単位組織，生徒の自治的な活動の場であると同時に，教師の生活指導の場であるという二重構造として捉えていたのである。

　宮坂が重視する「親密な関係性」という視点はもちろん重要である。しかし，それがあってはじめて自治的集団へと展開されるというのではない。自治的集団のなかで自治的な活動を行うことを通して，より親密な関係性も深まり，その質も変容していくのである。「親密性」と「自治性」は，往復運動のなかで，それぞれがより高まっていくものなのである。

（3）学級づくりがめざすもの

　宮坂の学級づくり（仲間づくり）論は，集団の発展過程のなかでの個の成長をめざすものである。学級づくりの集団化の過程を，①学級のなかで何でも言える情緒的許容の雰囲気をつくる，②生活を綴る営みをとおして一人ひとりの子どもの真実を発現させる，③一人の問題を皆の問題にすることによる仲間意識の確立という三段階による発展過程として定式化された。

　また，宮坂は，生活指導を「教師が子どもたちと親密な人間関係を結び，一人一人の子どもが現実に日々の生活のなかでいとなんでいるものの見かた，考えかた，感じかた，ならびにそれらに支えられた行動のしかたを理解し，そのような理解を，その子どもたち自身ならびにかれら相互間のものにすることによって，豊かな人間理解にもとづく集団をきずきあげ，その活動への積極的参加のなかでひとりひとりの生き方を（生活認識と生活実践の双方を，つまり両者を切りはなさず統一的に）より価値の高いものに引きあげていく教師の仕事である」（宮坂，1959：25）と規定していた。

　一人ひとりの子どもが，「現にいとなんでいるものの見かた，考えかた，感じかたならびにそれに支えられた行動のしかたを理解」することができ，それを他の子どもたちに押し広げつつ共通の要求を見いだし，「豊かな人間理解に基づく集団」を築き上げることをめざしたのである。そして，その集団への積極的な参加によって，一人ひとりの子どもの「生きかた」が，より価値の高いものになると捉え，それを指導する場が，学級にほかならないのである。

　繰り返しになるが，宮坂は単に「親密性」を重視しているのではない。その時代時代の社会状況，生活状況にある子どもの内面の真実から出発し，情緒的な関係性を大切にしつつ，集団のなかでの個の自己実現をめざしたのである。そしてそのためには，一人ひとりの子どもの自由な自己表現を保障することが不可欠であり，そこに学級づくりにおける教師の指導性を求めたのである。

3 ケアリングと学級づくり

(1)「ケア」への着目

　臨床研究の諸概念の一つに,「ケア」がある。一般にケアとは,「看護師さんが患者さんをケアする」というように,医療現場での関係性や支援を意味する概念として捉えられている。1990年代の教育学研究において,この臨床的なケアという概念に着目した研究が多くみられるようになった。当初は主として看護教育や幼児教育にかかわってであったが,しだいに様々な分野で検討されるようになっていった。

　ケアとは,広井良典によれば,「今という時代のキーワードといってよいような性格」をもつものであり,「『ケア』という言葉は一方でもっとも限定された,あるいは専門的な術語として使われるのであり,その代表が医療（福祉）分野である」と指摘されている。そして,このケアという行為のもつ今日的意味を,人間は対象を求めざるを得ない存在として捉えた上で,「『ケア』本来の意味が『配慮,関心,気遣い』だとすれば,それは『ひき合う孤独の力』そのものである」とも提起している（広井,1997：13）。

　このケアを教育学の概念として捉え,積極的に教育論として展開したのが,ネル・ノディングズ（Noddings, Nel）である。ノディングズは,女性に関連した技術や態度,能力等に対して,過小評価しかされていない現状を指摘し批判する。ケアにかかわる仕事（たとえば,看護,幼児や老人へのケア）を伝統的に担ってきたのは,主として女性であった。ノディングズは,これまでの伝統的な倫理観,すなわち「原理や命題」として示される男性的な倫理観を,「受容」「精神的なかかわり合い」「敏感な応答」また「感情,必要,印象,感覚」といった女性的なものから,「ケアの倫理」を問い直すのである。そして,そこをベースに,教育内容・カリキュラムや教育方法を含む学校教育改革を構想していくのである。

(2) ケアリングリレーションの成立と教師の子どもへのかかわり

　ノディングズは，ケアリングを，ケアする人とケアされる人との「ケアリングリレーション」として捉える。そして，ケアする人の意識状態を特徴づけるものとして，専心と動機の転換があるとする。専心とは，相手が伝えようとすることを，目や耳さらには肌でまるごと受け入れようとすることである。動機の転換とは，相手の求めることを理解し，それに応えたいという感情が生まれてくることを意味する。

　一方，ケアされる人の特徴的意識は，受容，承認，応答である。それは，ケアされる人が，ケアする人を受け入れ，その人の行為を承認し，そして認めたことをケアする人に示そうとすることである。これらがケアする人の専心と一致したとき，ケアリングは成り立つというのである。つまり，ケアする人とケアされる人の特徴的意識が相互に交わされるときにはじめて，ケアリングリレーションが成立すると捉えるのである。

　ノディングズは，人間は本能的に，ケアし，ケアされることを求めるとし，またそれは，人間にとって基本的な要求であると捉えていた。そして学校教育において，子どもと教師との間に人間的な疎外感が生じることを懸念し，「出会いの非対等性」：「対等的ではない出会い」について述べている。教師と子どもの関係について，「教師は教えるために，また生徒の要求に接するために，自分自身と子どもの双方の視点から『ものごと』をみる必要がある」と指摘し，子どもへの効果的な動機づけを行うことを重視する。すなわち，教師には「二重に見ること」が求められ，そのことを前提として教師と子どもとのケアリングが成立していくと捉えるのである（Noddings, 1984: 67）。

　教師は専門化された役割として子どもの前に立つのではなく，まず第一に，ケアする人として子どもに向かい合うことが求められる。先の専心について言えば，それは「他者が価値基準の枠組みを確立することや，他者がその価値基準の枠組みに自分たちを入れようとすることを許す，無条件的な注意の姿勢」(Noddings, 1995: 191) である。すなわち，子どもをケアするとき，子どもがもっている考え方や価値観を認め，ありのままの存在として受けとめることが重視される。動機の転換について言えば，「教師は子どもの教科内容に対する

気持ちを聞き入れ受容する。つまり，教師は子どもの目や耳を通してそれを見聞きするのである」(Noddings, 1984: 177) と述べられている。すなわち，教師が子どもの身になり，子どもの視点に立って，子どもが取り組もうとしている課題に対して，その子どもがどのように考え，どのような支援を必要としているのかということを理解し，そのための力になりたいと思うことが重視されるのである。

　ケアする人としての教師には，子どもに寄り添い，学習主体として捉え，子どもの意見や要求を尊重しながら，学びへと誘うことが求められていると言えよう。

(3) ケアリングの教育内容と方法

　ノディングズの現代教育に対する批判は，社会の急激な変化に適切に対応せず，また様々な問題に対する解決能力を見失っているという点にある。子どもの教科に対する関心のなさ，教師に対する不信感，モラルの低下を指摘し，その原因を，伝統的な学校教育，すなわちリベラル・アーツ中心の教育に求めている。そこでの教育は，伝統的に"gentleman"のための知識（男性支配社会における特権階級の知識）中心の教育内容であり，女性にはほとんど与えられてこなかったものであった。そこで，人間の基本的欲求であるケアを教育内容に取り入れることで，ケアを主軸としたカリキュラム構成，学校教育の再生を試みるのである。

　ノディングズが提起する教育内容は，①自己へのケアリング，②親しい仲間へのケアリング，③見知らぬ人と遠い他者へのケアリング，④動物，植物，地球へのケアリング，⑤人工世界へのケアリング，そして⑥思想へのケアリング，の6領域からなる。自己にかかわるものから，環境問題，国際理解に至るまで，幅広く，今日的な広い視野に立ったものになっている。

　教育方法としては，①模範，②対話，③実践，そして④確認，の四つを捉えている。こうした四つの方法を用いて繰り返し行うことにより，子どもはケアリングの主体としての知識，技術，態度を学び，実際のケアリング関係を築いていくことができるようになると捉えられているのである。

(4) ケアリング教育における教師の指導性

ノディングズは，教師-子ども関係において，教師の受容性を重視しているが，それは決して教師の指導性を否定しているわけではない。教師には教育者としての指導する役割があるとされている。

それは，ノディングズが強調している四つの方法のなかにも表されている。たとえば，「模範」では，子どもがケアする人になるためには，子ども自身がそれを体験する必要があり，そのためには，教師が実際に子どもにケアすることを身をもって示すことが不可欠であるとする。「対話」では，授業における対話を重視し，教師と子どもによって選ばれたケアリングの内容を中心に，お互いに率直に議論することを求めている。

この模範や対話にみられるように，ノディングズは，教師を「洞察力ある意義ある他者」として捉え，子どもの学びにかかわることで，子どもがケアリングの主体としての知識，技術，態度を学び，実際のケアリング関係を築いていくことができるようになると捉えるのである。

その際，重要になるのは，ケアリング関係の維持のためには，他者への深い理解が必要であり，また時間をかけた教師のかかわりが必要だということである。さらにまた，先に見た「出会いの非対等性」において「二重に見ること」ができる点に，教師としての力量が見いだされるのである。

なお，ノディングズには，「子どもは自分自身の経験的世界のなかで，学習能力を獲得したいと思っている」との認識がある。そのためには，教師の協同的な指導 (cooperative guidance) が必要であると捉え，対話等を通してお互いを理解し，共有すべき価値や関心を共に探求することの重要性を論じ，子どもと共に学ぶ協同的な学習 (cooperative learning) を重視するのである。

4 協同的な学びと学級づくり

(1) 日本の学校・学級の特徴

本節では，ケアや協同的な学習にも着目しつつ，日本の授業研究に学び，問題提起を行っているキャサリン・ルイス (Lewis, C.C.) の論を捉えておきたい。

キャサリン・ルイスは，1980年代から日本においてフィールドワークを中心とした研究を行い，日本の幼児教育や初等教育の実態，日本の学校の特徴，学力の高さの要因などを分析している。

ルイスは，日本の学校教育を評価するにあたり，まず「子どもたちは学ぶことを欲して学校へくるのではない。子どもたちは，友達に会うために学校へくるのだ。最も力を入れるのは，それぞれの子どもたちへの友達づくりである」(Lewis, 1995: 36) という日本の教師のことばを象徴的なものとして捉えている。

日本の小学校低学年の教育について，とりわけルイスが着目するのは，学級という場での子どもたちの営みである。日本の学級で大切にされることは「友情，親切，我慢強さ，責任」であり，子どもたちはこうした価値観に基づいて日々反省し，それらの価値観をもって学習や学校生活に臨んでいると捉えている。そして日本の学校は，こうした価値観を大切にし，すべての子どもたちを積極的に学校生活に取り組ませるようなシステムをもっていると評価するのである。

友情，親切，我慢強さ，責任を繰り返し強調しており，ここに日本の学校や学級の特徴を見いだしつつ，多彩に用意されたカリキュラムのなかで，子どもたちは自分の得意なものや好きなものを見つけることができている，と日本の教育を高く評価するのである。さらに，子どもたちの社会的倫理的発達を重視する国のカリキュラムに裏打ちされて，子どもたちが友情を大切にし，お互いの良いところを知り，楽しい思い出をつくるのを助けることを，日本の学校の大きな目的として捉えている。

そして日本の教師は，子ども一人ひとりが大切にされていると感じられる学校のなかで，面倒見のよい，自分の考えを明言できる子どもたちを育てることを，大きな目標としていると評価するのである。

（2）コミュニティにおける学び

ルイスの関心は，日本の学級でのグループに向けられる。グループでは，いろいろな個性をもつ子どもを同じグループに入れるようにしている。よいグループとは，様々な子どもたちがメンバーとなり，それぞれがお互いに助け合

うものであると捉える。また，グループを家族のように捉え，メンバーが日常的にお互いのことを親身に考え合うようなグループの重要性を強調するとともに，そうしたグループを組織していくことを重視するのである。様々な個性をもつ子どもがグループで行動することは，子どもたちに帰属意識を育み，互いの良さを見つけさせる契機となる。こうした点にグループの意味を理解するのである。

　ところで，ルイスはグループでの学びと同様に，学級での学びを重視する。子どもたちが間違いを怖れず，相互の学び合いの関係をつくり出していくことが重要だと捉えている。学級での学びでは，子どもたちはお互いの考えを聞き，拍手したり，間違いを直し合ったり，ほめたり，うまく説明できない子どものために代わりに説明したりする。こうした点を，日本の学級での学びの特徴として捉えるのである。

　さらに，子どもたちが失敗から学ぶ機会をもつことの重要性を認識し，そのために重要な役割を果たすのが学級であると捉えている。学級は，「すべての子どもがお互いを知り，人としての気遣いやお互いに敬意をもって話したり聞いたりする方法を知り，優しく，親切に，協力する，という強い共通認識に支えられた場所」(Lewis, 1995: 176) だと評価するのである。

　ルイスは，日本の学力を保障する方法的な観点として，グループ学習を捉えていた。グループにおける子どもたちの学び合いが，学力保障に大きな影響を与えていると把握しているのである。コミュニティとしてのグループや学級，それらは，そのなかで子どもたちの関係性を生かし，関係から学習へと向かわせる日本特有の方法なのである。こうしたことが，日本の学力の高さにもつながっていると評価したのである。

　ルイスにおいては，ノディングズのように，ミクロな視点からの関係性の成立にかかわる分析は行われていない。しかし，このようにグループや学級をコミュニティとして捉え，そこでの学びの重要性を捉えることは，今後の学級づくりを考えていく上で，多分に示唆に富むものである。

第8章　学習主体と学級づくり

5　これからの学級づくりに向けての視座

　今日の学校現場でも，教師たちは日常的に学級づくりを進めているし，子どもを学習主体と捉えない教師はいない。学級づくりの問題を考えていくためには，学級やホームルームのみを概念的に考察していっても「答え」を見つけることはできない。学級づくりの問題は授業・学習との関連で捉えていく必要があり，逆に言えば，授業・学習における主体性の問題は学級づくりとの関連で捉えていく必要がある。

　本章では，そのための一つの方法として，内外におけるこれまでの四つの研究を手がかりに検討を進めてきた。それらを通して，これからの学習主体，学級づくりを考えていく上での，理論的，実践的な視座を簡潔にまとめておく。

①　親密な関係性を生み出す

　子どもたちは，親密な友達を求めているという。それは，戦後の時代であろうと，現在であろうと変わりはない。理解し理解される関係性の場において，子どもたちはそこを足場（居場所）として，外へ向かって関係性の場を広げていく。1対1の子ども同士の，また教師と子どもとの親密な関係性をベースとして，集団での学びを構想していくことが重要なのである。

　宮坂においてもルイスにおいても，ホームや家族ということばを重視していた。現在，家庭が居場所となっていない現状もなかにはあると聞くが，ならばより一層学校でホームをつくり出すことが重要となろう。また，個人情報保護が重視され，教師と子どもの関係においても，すべてを把握することが難しい時代である。しかし，一人ひとりの子どもに寄り添った地道な学級づくりの指導を通して，子どもの生活に根ざした自己表現を導き出し，それを他の子どもたちへとつなげていくところに，教師の指導性が問われるのである。

②　生き方を問う質の高い教育内容の選択

　情緒的関係を超えた人間関係を生み出すためには，それぞれの子どもたちが

自己の意見を表明し，交流することが大切になる。そのためには，子どもたちが興味・関心をもてるような「生き方」にかかわる質の高い教育内容を用意することが重要である。たとえば，進路指導の場面で，子どもの知的好奇心を揺さぶり，これまでの自己を見つめ直し，これからの生き方を問うていくことのできるような，質の高い学びの対象を用意することが重要になる。子どもたちがそこへ向かうことによって，自己の将来の社会・職業生活を見つめることになり，また情緒的な関係性を超える新たな深まりのある関係性も成立していくのである。

③ 教師の指導性として模範と継続性
今日，子どもにとって生き方の模範（モデル）となるような大人が少なくなっていると言われている。学級という場では，大人は教師一人である。ノディングズも提起していたように，学習場面において，教師は子どもにとってモデルとなる必要がある。また同時に，教師という仕事（生き方）を子どもたちに見せ続けることも重要である。

子どもたちの学校の生活は，基本的に一年間を単位として計画されている。担任教師は，学級びらきから一年間を見通し，計画的にかつ一貫した継続性をもって学級づくりを進める必要がある。もちろん実践の場面では，想定もしていなかった問題やトラブルが多々起きる。状況に応じて対応できる柔軟性をもつことも，教師の重要な指導性になるであろう。

④「かかわり合い」の学びに向けて
学校現場で強調されてきている「かかわり合い」は，多様な意味に理解されており，概念としても明確に捉えられていないのが現状である。それゆえ，実践においては，従来のグループ学習における人間関係をこのことばで捉えようとするなどの混乱が生じている。

「かかわり合い」を実践研究のテーマとする場合，本章で検討してきたような学級づくりと，質の高い教育内容をもつ授業指導を行っていくことが重要となろう。一人ひとりの子どもに寄り添った日常的な教師の丁寧な指導によって，

子どもは学習主体となり得,子どもたちの学びも関係性も深まっていくのである。

学習課題

（1） 学習集団研究において,訓育的教授の実現がめざされている。「わかること」と「生きること」が一体となるとはどういうことか,説明してみよう。
（2） 子どもたちに親密な関係性の場をつくり出すことが重要とされている。なぜ,そうなのか,話し合ってみよう。
（3） 子どもを学習主体にするためには,学級づくりが大きな意味をもつと言われている。なぜ,そうなのか,レポートにまとめてみよう。

参考文献

広井良典『ケアを問い直す――〈深層の時間〉と高齢化社会』筑摩書房,1997年。
宮坂哲文「ホームルームの意義――学級とホームルームとの関係をめぐって」『ホームルーム』金子書房,1950年。
宮坂哲文『増補改訂・特別教育活動――市民形成のための学校計画』明治図書,1953年。
宮坂哲文『生活指導と道徳教育』明治図書,1959年。
吉本均『授業と学習集団』（学級の教育力を生かす吉本均著作選集1）明治図書,2006年。
Lewis, Catherine C., *Educating Hearts and Minds : Reflections on Japanese Preschool and Elementary Education*, Cambridge University Press, 1995.
Noddings, Nel, *Caring : A Feminine Approach to Ethics and Moral Education*, University of California Press, 1984.
Noddings, Nel, *The Challenge to Care in Schools : An Alternative Approach to Education*, Teachers College Press, 1992.
Noddings, Nel, *Philosophy of Education*, Westview Press, 1995.

（山岸知幸）

第9章 特別なニーズと学級づくり

　　　　　　発達障害などの特別なニーズのある子どもの指導をどのように進めていくかについて，生活指導の原則を踏まえながら，学級づくり・学校づくりの課題を考える。本章では，①特別なニーズのある子どもを理解するための原則，②学級づくり・生活指導の原則から，特別なニーズをのある子の個人指導と，集団指導を統一する教育方法のあり方を明らかにする。その上で，③発達の基盤に課題をもつ子を焦点にした教育実践と，教師集団づくりや地域づくりの課題を検討し，これからの学校と教師に求められているものを明らかにする。

1　特別ニーズのある子ども理解の原則

（1）特別ニーズのある子ども

　日本で「特別ニーズ」の用語が本格的に広がったのは，2007年に特別支援教育の制度が始まって以降である。しかし，「特別ニーズ教育」（Special Needs Education）は，1994年のユネスコによる「特別ニーズに関するサラマンカ宣言」を契機に，インクルージョン教育の推進とともに世界で展開されているものである。

　そして，OECDの調査によれば，特別ニーズのカテゴリーは，A：器質的障害・機能不全として医学用語において捉えられる能力障害や機能障害のある子，B：学習における情緒ないし行動の障害，また特異な困難のある子ども，C：社会経済的，文化的ないし言語的要因から第一次的に生ずる不利，に分類され，広い範囲で捉えられてきている（玉村，2009：42-43）。

　このような捉え方を教育実践に即して考えてみると，特別ニーズのある子どもとは，被虐待児を含めて発達の基盤に大きな課題をもつ存在であり，高機能自閉症など「発達障害」として取り上げられてきた子どもだけではない。

では，子どもの発達を保障する基盤とは何か。それは，いのちや暮らしを支える経済的条件の保障であり，また「ものの見方や考え方」といった次元での精神的な豊かさが保障されていることである。しかし，21世紀の今日の社会状況は，こうした発達の基盤が崩壊しつつある。学校の現場で，上に述べた「特別ニーズ」のある子どもが増えたのではないかと思われるのはそのためでもある。

　子どもの貧困を「発達の貧困」として捉える議論のように（浅井・山科，2009），今日の格差・貧困を生み出している社会は，子どもたちから発達の基盤を奪い，精神的な豊かさ・精神的な自由を奪いつつある。

　先に指摘したインクルージョンとは，「包摂」という意味だが，それは発達の基盤に課題をもつ子どもを「覆い隠す」という意味ではない。生きづらさを抱えながら，それを生活のなかで発信できない不利益をより鮮明にし，精神的な自由の格差を浮き彫りにすることによって，どの子も社会に「開かれていく」ことをめざすものである。

　なお精神的な自由を奪われているのは，いわゆる貧困な層の子どもたちだけではない。経済的には豊かでも，「成功すること」を絶対的な価値に掲げ，学校社会に適応しようと必死になっている子どもたちも，現在と未来への人間的な希望を失いつつあると言えよう。こうした子どもたちが「発達の貧困」から解放されていく社会，それもインクルージョン論の課題である。

　ところで，「特別ニーズ教育」における「特別なニーズ」は，教育方法学の上では「現行の公教育の科学的・民主的な蓄積と到達点に立ってもなお，子どもの全面的な能力および人格の発達を保障するために，通常の教育において一般的に行いうる教育的配慮にとどまらず，特別なカリキュラムの準備，教育施設・設備の整備，教材・教具の開発，そのほかの付加的な人的・物的・技術的な諸条件の整備を必要とするニーズ」と定義されてきた（渡部，2004：150）。特別支援教育の展開と言いながら，特別なニーズに対応するための教育条件の整備の遅れは著しい。特別な支援に必要な人的な配置や相談体制の問題，さらには過密な学級の規模など，取り組むべき課題は山積している。特別支援の子がいるというよりも，こうした貧困な教育条件において特別な支援が必要な状況

が生まれていると言われるのもそのためである（浜谷，2010）。

こうした視点を前提にしつつ，「通常の教育」そのものの改革過程に「発達障害」等の特別なニーズのある子どもがいかにして関与するかという視点が必要である。それはまた，「適応しなくては」という世界に囚われてきた子どもたちが意識を変え，今日の学校をつくりかえていくことを意味している。

（2）理解されてこなかった存在

特別なニーズのなかでも，発達障害のある子どもは，「特殊教育」・「障害児教育」から「特別支援教育」へと教育政策が変わるにつれて大きく取り上げられてきた。数字の統計では，通常の学級に7％程度が存在しているとされていた。

しかし，発達障害児の数が急に増えたのではない。大阪の貝塚養護学校は，病弱の子どもを対象にした学校として先駆的な実践を展開してきた。そこでは1960年代から，不登校などの子どもを受け入れて発達支援を進めてきた。この学校の記録にも，周囲の視線が極度に気になり，友だちに暴言（目をくりぬいてやりたい…）を吐く子どもの様子が記されている（大藤ほか編，1992：158）。しかし，そこでもまだ，アスペルガー障害の傾向がある子どもとしては捉えられてはいなかった。

アメリカなどでは早くから「読み書きの障害」として取り上げられてきた学習障害が，日本で本格的に学校の教育的な課題とされたのは1980年代になってからである。クリニックから教室に視点が移り，学習障害の様子が取り上げられていた。しかし，いくら頑張っても基礎的な学力が回復しない子どもは，「努力の足りない落ちこぼれ」として受けとめられていた。注意欠陥・多動性障害（ADHD）の子どもたちも，落ち着きのない衝動的な性格の子どもとして見られ，障害のある子どもとして理解されてこなかった。

その後20年間を経た2003年に，文部科学省による調査報告を受けて，発達障害のある子どもが通常学校の課題として本格的に位置づけられていった。それ以来，先に示した発達障害の子どもの神経生理学的な説明が積極的になされ，特別支援教育の研修を通して障害の理解を進めるための努力が展開されていっ

た。

　このように，特別支援教育も，①発達障害を特別なニーズとして気づくことのできなかった時期，②通常の学校・学級で「気になる行動」を示す子どもについて，その背景にある発達障害から理解しようとして気づくようになった時期として展開されてきた。そして，②の時期から特別なニーズに応えるための支援の方法が開発され，それが教室の取り組みに用いられるようになった。

（3）子ども理解と指導の原則

　ところが，②の時期以降に顕著な実践の傾向として特別なニーズへの「支援」が特に強調され，それが教室での教育実践の主要な課題として捉えられるようになった。①の時期から見れば，それは大きな前進だが，教育実践は，「支援」にとどまるものではない。発達障害のある子ども理解を教師の「指導論」としてどう展開するのかが，これからの特別ニーズ教育の課題である。

　教育活動における「支援」と「指導」との関連は，日本の教育において，すでに新学力観として提起されて以来の議論である。「指導」のもつ権力性への批判や子どもを主体的な存在として位置づけようとする意図から，「支援」論により傾斜した議論が受け入れられていった。

　しかし，指導とは，こうして批判されるような性格のものだろうか。当事者である子どもとの共同において，教育活動を通して文化や社会，科学の価値を問い直し，また新たな価値をつくり出していく営みである。つまり，「子どもと指導者，子ども集団と指導者集団，親と指導者が『はたらきかけるものが，はたらきかけられる』と形容すべき関係において，互いに育ち合い，新たなる価値を創造していく営み」（白石，2009：206）として教育における指導論を捉えることが必要である。

　「特別支援教育」と言われる時代ではあるが，改めて「指導」とは何かを問い返すことによって，発達障害のある子どもたちの特別ニーズに応える教育実践の展望を開いていきたい。

　特に指導論でも，これから必要なのは生活指導と呼ばれてきた実践である。子どもたちの生活に参加しながら，共に生き方を問い直し，住みよい社会をつ

くり出しながら，人間的な交流・共同の世界を生み出す生活指導を，特別ニーズ教育の主軸に据えたい。

①で発達障害のある子どもの存在に気づくことのなかった時期を指摘したが，今日でも，たとえばアスペルガー障害のなかには「聴覚処理障害」という聞こえ方に極度の困難さをもつ子どもたちがいることはあまり知られてはいない。アスペルガー障害の特性を表面的に理解して，こうした子どもたちの生活（生きづらさ）に参加できなければ，子どもたちと出会うことはできない。相手の生活に参加するという生活指導論が提起した原則は，特別ニーズ教育においてより求められている。

学校の生活指導は，子どもたちと共に生活をつくり出す模索の仕事である。規則で子どもを取り締まるような，生活を指導するのではなく，つくられる生活の質がそこに暮らす者の生き方に作用するからである。

先に述べたが，「特別支援の子」がいるというよりも，特別な支援が必要とされる状況が生み出されている。確かに背景には障害の特性がありつつ，学校や学級の生活の質が，特別な支援を必要とする状況をつくり出している。休み時間の少ない学校一つをとってみても，それは生活のリズムに適応しづらい子どもには困難さを伴う生活である。こうした生活の質を問い直し，暮らしやすい学校・学級をつくり出すことが求められている。

本章は，「学級づくり」というテーマだが，ここでいう「づくり」とは，子どもたちが主体として自分たちの生活（子どもにとっては集団）をつくるという意味である。学級づくり論や生活指導論として私たちが大切にしてきた実践の原則をひもとき，それをさらに新しい時代の教育方法として展開することが必要である。

2　特別ニーズと学級づくりの実践課題

（1）特別なニーズのある子と個人指導

学級づくりを進める上で，学級担任が個人指導と集団指導を統一して展開することの必要性が提起されてきた（全生研常任委員会編，1991：51）。教育実践の

用語では,「個別指導」が一般にはよく用いられている。ここでいう個人指導とは,個別に指導するという指導の形態をいうのではなく,「一人ひとりの生徒がかえている問題に個別的にかかわり,個人的自立を励ましていくものであり,それをつうじてかれを集団や社会に主体的に参加させていくもの」である。そして,この個人指導には,○教師が直接特定の生徒にかかわっていく直接的な指導と,○グループや友だち,さらには父母や住民を介して,間接的に特定の生徒にかかわっていく間接的な指導がある。

　直接的な指導で求められるのは,発達障害のある子どもとの関係をいかにつくり出すかである。学級の生活に簡単には適応することができにくい発達障害のある子どもは,周囲から迷惑な存在として否定され続けてきた。特別支援教育に関心を寄せる教師でさえ,繰り返される子ども相互のトラブルの原因になっている発達障害のある子どもを管理主義的に行動を統制しようとしがちになる。

　こうした怖い教師の姿ではなく,発達障害のある子どもが自分の存在を承認してくれる味方として教師を受け入れていくような関係を築くことが課題である。この間取り組まれてきた教育実践の多くは,パニックに陥ってしまう障害のある子どもを受け止めていく教師の姿勢の大切さを示している。それは,障害のある子どもが,ついトラブルに発展する行動をとってしまう自分に対して,それを克服したいと思う自分を励ましてくれる教師を発見する過程である。直接的な個人指導は,こうして障害児の自立を励ます対話の姿勢と技によって展開する。

　一方,間接的な個人指導は,発達障害のある子どもの事実を学級やその子に近いグループに話し,その子との関わりをつくり出すことである。たとえば,ADHD児の子の「応援団」というグループによって,学級に障害のある子どもの居場所をつくろうとする試みがこれにあたる(大和久,2003)。そのことによって,障害のある子どものなかに自立への意欲を育み,また学級(グループ)の子どもたちには,単に一方的に応援する,支援するという関係ではなく,友だちとの出会いのなかで,自己自身と向き合い,自分を反省する力を形成しようとするものである。

これらの個人指導論は，生活指導実践の基本原則に立つものである。特別ニーズ教育をめぐるこれからの教育方法を展望する上で，こうした学級づくり論の基本に立ち返ってみたい。

（2）学級づくりの実践視点
① 個人指導と集団指導
　前項で述べた指導は，たんにその子に視点を向けるというよりも，個人指導自体が学級づくりの視点になっていることに留意したい。直接的な個人指導と特徴づけた指導において，教師が発達障害児との対話をどのような姿勢で展開しているのか。それが学級の子どもたちの障害児への接し方に影響するからである。

　学級づくり論は，個人指導とともに集団指導論を提起してきた。それは，学級を自治集団として発展させる指導，個人と集団を媒介する基礎集団（班）の指導として特徴づけられる。班を単位として学級に親密な関係を形成しながらそれを自治集団の基礎に据えようとする集団指導論は，こうした集団を支えるリーダーの指導をもまた課題としてきた。

　このような集団指導論は，今日においては，たとえば，発達障害のある子どもを含めて課題を抱える存在にかかわろうとしない子どもたち，また，親密な関係の形成といっても，自己責任論の支配しがちな学校において，互いに関与することを避け，孤立化する子どもたちには容易な課題ではない。間接的な個人指導の場である自発的な共同グループそのものも，容易にはつくり出しにくい状況にあるのが今日の学校である。

② 子ども相互をつなぐリーダーシップ
　発達障害児への教師の指導姿勢は，「排除して当然だ」という学級の子どもたちの考え方に介入し，子ども相互をつなぐリーダーシップとして発揮される。
　いくら発達障害の原因や特性を理解したとしても，日々繰り返される「迷惑な行動」を前にして，できれば学級から出ていってほしいと思う子どもたち。こうした「多数」の考えに，まずは教師が介入し，その子の味方になる指導が

学級づくりの出発である。もちろんそこには，こうした介入を受けとめていく学級の子どもとの信頼関係がある程度なければならない。

③ 学び直し

先に「間接的個人指導」として指摘した，子ども相互が自己を振り返る視点には，広い意味での学びが不可欠である。「あたりまえ」の世界に生きてきた子どもに，発達障害のある子どもとの出会いを通して世界を問い直す「アンラーン」（子安，2006：181）とでも言える学び直しを体験させようとするからである。

④ 子ども相互をつなぐ活動

発達障害のある子どもを中心にした学級づくりでは，障害児に取り組む-取り組まれるという関係ではなく，障害児の要求に基づいた活動に依拠しながら，それを学級の子どもとのつながりをつくる媒介にする視点が求められる。学級内クラブを通した居場所づくりの実践はその典型である。しかも，こうした自発的な活動は，発達障害児の課題にも沿うものとして注目したい。

活動を通してつながると言ったが，たとえば，「合唱コンクール」に貢献できない自分を否定的に理解し，落ち込んでいく発達障害児の事例は多い。こうした子どもを追い込む活動の危険性にも留意したい。

⑤ 身近な応答集団

学級づくりは，学級の規範に発達障害児を従わせることではない。自分の思いを表現しづらかった子どもたちが，自由に思いを出していくことのできる空間をつくり出すことである。そのためには，まず「身近な応答集団」とでも言えるようなグループが不可欠である。

障害児だけではなく，発達の基盤に課題のある子どもが自発的に集い，グループを形成して，それを拠点にしていく実践の事例が報告されている。特別支援学級の集団も，ある意味ではこの「身近な応答集団」であり，学級を基盤にしながら，こうして多元的に居場所となる集団を形成することによって，発

達障害の子どもたちは，生きられる社会を学校に発見し，創造することができる。

⑥ 自治の基盤としてのルールづくり
　学級を自治的な集団として形成していく集団指導では，生活していくためのルールづくりや，そこでの討論が重要な課題となる。発達障害のある子どもには，たとえば気持ちを落ち着かせるためにしばらく学級を離れて保健室で過ごすことや，授業での集中ができにくいときには，みんなとは別の行動を許すなど，「特別なルール」を考えて指導されてきた。
　こうした指導では，学級の子どもたちとの話し合いによって合意していく取り組みが不可欠である。この取り組みがなければ，「どうしてあの子だけ勝手が許されるのか」といった不満だけが残り，結局，発達障害のある子をさらに特別視することになるからである。
　今，「特別ルール」と言ったが，考えてみれば，子どもたちは個人個人で独自の生活背景をもち，生活の仕方やリズムが異なっている。こうした子どもたちが共同で生活する上で，どう共通のルールを考え，またそこからの逸脱などの差異を許すルールをつくり出すかは不可欠の課題である。「特別ルール」をめぐる指導はたんに発達障害児への対応にとどまらず，学級においてルールのある生活をつくり出す自治の指導を構想するための鍵になるものである。

⑦ 学級づくりと授業
　学級づくりは，単に生活の場だけではなく，学級を土台にして展開される授業指導・学習集団指導に取り組むものである。
　発達障害児を排除しない学級指導に取り組みつつ，一斉指導が中心の授業において学習活動に参加するための見通しを育てる発問や説明の仕方，また具体的な操作活動を進める見通しを育てる指示のあり方などの検討が求められている。そして，話し合い活動を中心に展開するのも授業である。コミュニケーションを取りにくい子どもに対して，今展開している話し合いの中心は何かを特別に意識させる工夫など，授業展開においてどのような観点に留意すべきか

の検討が進められている(湯浅, 2009)。

　発達障害のある子どもと共に展開されるこうした取り組みは,授業という学校で多くの時間を占める活動について,子どもたち自身が意識を向け,煩わしいのではあるが,学習活動をどう展開していくかを問いかけていく力を必要としている。学習の参加・学習のルールといった授業指導のポイントになるものを,子どもと共に問い直し,つくり出すことが求められている。

(3) 特別ニーズ教育に取り組む教師の力

　学級づくり・生活指導の実践を意識して進めようとする教師は,これまでにも「問題を抱えた子ども」「発達のもつれをもつ子ども」を理解し,自立に向けて必要な課題を設定しながら,学級指導に心を砕いてきた。

　特別なニーズのある子どもの指導においても,教師に求められるのは,まず第一に「心を砕く」というケアを土台にした姿勢である。障害児教育実践の歴史を振り返るとき,「のんき・こんき・げんき」を掲げてきた長崎の近藤益雄をはじめとして,その根底にはケアの姿勢が位置づいていた。こうした実践思想の遺産に学ぶことも必要である。

　第二には,障害児の理解に心を砕き,共感するとしても,次々に新しい捉え方が示されてきている発達障害児の世界を理解し,学級で見せる「奇異な行動」の背景にある必然性を理解する姿勢が必要である。「寄り添う」という姿勢は,特別な支援によって生きづらさから解放していく指導のあり方を常に探究することと結びつかなくてはならないからである。

　第三には,つい排除の論理に立ちがちな視点に囚われるのではなく,共に生きる世界を追究する姿勢である。この点ではこの間に刊行された創造的な実践記録に学びたい。同時に,教育実践の歴史の成果をも振り返りたい。たとえば,先に挙げた近藤益雄は,今日で言う重度の障害児を担任して,学校で出た塵芥の処理や山羊の飼育といった労働に取り組ませている(近藤, 1960)。それは今日で言えばリサイクルの世界でもある。そして,こうした労働の世界に生きる子どもたちを通常の子どもたちにどう理解させていくのかに視点を置いた実践を進めてきた。インクルージョンの先駆的姿勢を学ぶことができよう。

第四には，発達障害児だけではなく，先に指摘した「発達の貧困」に追い込まれている子どもたちとその背景にある「貧困の再生産」のポリティクスを問い直す姿勢である。自己責任の生き方が支配してきた今日の学校・学級に渦巻くポリティクスを子どもたちの事実のなかに読み，②で指摘した個人指導や集団指導のなかで問い直す生活指導の実践が求められている。

　第五には，こうした生活指導実践を教師集団や保護者・地域との共同によってどう進めていくか，その動きをつくる実践のリーダーとして成長することも，生活指導教師の役割である。この点については，以下の節で詳しく考えてみたい。

（湯浅恭正）

3　特別なニーズと学校づくり・地域づくり

（1）様々な価値観が共生する学校づくり

　特別支援教育を進めるために，特別支援教育コーディネーターやコーディネーターチームといった校内支援体制を整備し，教師間の連携に努めることが求められている。このことを単なる各教員の負担軽減のものとしてみなしたり，各教員の指導のすれ違いをなくするだけのものとして捉えるのでは不十分である。特別支援を要する子どもの対策を練るための組織として運営されている制度には，子どもたちが生きやすい学校をどうつくるかという「学校づくり」の面があることを見逃してはならない。

　では，学校づくりという観点に立つとはどういうことだろうか。それは，障害児という限られた子どもへの支援という観点とともに，現在の学校に窮屈さを感じ，生きづらさを抱えている子どもをのびやかに解放するための場づくりの志向を含みこむことが基本のものとなるはずだ。

　学校づくりという観点が必要になる理由は二つある。

　第一に，子どもの世界を学級に閉じ込めないためである。そもそも，学級制度は子どもからしてみれば，自分たちの世界を無視して各学級に振り分けられていく制度である。そのことを顧みることのない指導が，子どもとのすれちがが

第9章　特別なニーズと学級づくり

いを多く生むのは必然であろう。

　このすれちがいを少しでも減らすためには，子どもを学級の枠に囚われない広い視野で捉える必要がある。教師が子どもを見るとき，子どもを教育の対象や学ぶものを詰め込まなければならない対象として見るのではなく，一人の生活者として見るということである。

　学級のなかだけで子どもを見ている限りは，子どもの顔の一面を把握しているにすぎない。しかし，子どもの生活している世界は，ともすると学校的価値に支配されがちな教師の把握する世界だけでなく，子ども同士の世界や家族との世界など，様々な世界によって構成されている。子どもから新たな見方に目を開かされ，子どもとの出会い直しが生まれるといった実践が示すように（篠崎ほか，2009：16-21)，子どもの生活に即して広く多様な視野をもとうとすることが求められている。

　第二に，一つの価値観に支配された学校世界を変革することが求められるためである。仮に，ある子どもが学級に居づらくなってしまって，学級の外へ一歩だけ足を踏み出したとしよう。その場所は保健室や職員室かもしれない。校長や事務員という個人を頼ることかもしれない。その時に，その場所も子どもが居づらい学級と全く同じ価値観を共有したものであったとしたら，その子どもはその場所からも逃げなくてはならない。学級嫌いは学校嫌いになるしかなくなってしまう。

　学校という場を様々な価値観が共生する場所の集合体としてつくりあげることが必要である。学級のなかに段ボールハウスなどの「隠れ部屋」をつくり，異なる価値観を共生させている実践から学べるものは多い（篠崎・村瀬，2009：117-121)。ただ，担任教諭が努力をつくすだけでなく，特別支援学級や保健室など，学級以外の場所にどのような性格をもたせて学校を編み直すかも問われている。

　このような学校づくりは，あるいは子どものわがままに合わせた学校づくりと受け取られるかもしれない。しかし，そもそも学校は子どもを強制的に集めた場所である。そのような強制的な場所から，様々な個性をもった子どもが個性に応じた発達を保障される共生的な空間へ変えることが，様々な価値観を共

生させる社会のモデルとして求められる。そのために学校と教師には，まず子どもが安心できる場所から生きやすい場所の条件を見つけ，そのような場所を自らつくり出そうとする力を援助し，育んでいくことが求められている。このような場所づくりは，「それぞれ自分の住みよい世界で勝手に生きていけばよい」といった世界をつくることではなく，湯浅が指摘するように，様々な人間が交わり合い共同していこうとする世界に体当たりしてぶつかっていくための一歩を支える「土台」となるのである（湯浅ほか編，2011：131-134）。

（2）学校づくりと教師集団づくり

　このような学校づくりを進めようとするときには，必ず教師集団づくりにせまられる。教師集団が必要最低限の会話しか交わさないような集団であっては様々な価値観が共生する学校づくりは不可能である。教師集団自体が様々な価値観を交流させ共生させることのできる集団であることが求められる。

　とはいえ，このような教師集団をつくるのは難しく，根気強く取り組むことが求められる。それは特別支援を必要とする発達障害のある子どもをめぐる教師集団づくりの実践では特に難しいが，すぐれた実践も報告されている（湯浅ほか編，2011：94-124）。この実践で特にすばらしいことは，発達障害をもつアキラ君を中心に教育を実践しようとする教師たちが，具体的な子どもの未来と学校の未来について語り合おうと，周りの教師たちに根気強く働きかけたことである。すなわち，子どもにどのような学校生活を送ってほしいのか，学校のなかでどのような子どもの顔に出会いたいのかというように，子どもと向かい合う教師としての願いを語り合おうとしたのである。

　このように，身近な同僚教師と未来を語る交流が学校づくりの第一歩である。学校の未来は，教師集団で発言力のあるものが一方的に決定するものではなく，民主的なものでなくてはならない。学校でめざされるべき話し合いと合意のありかたとは，子どもの実態とその発達上の要求にどれだけ即して合意ができるかということにかかっている。

　つまり，教師たちが各々，自らの実践のなかで子どもがどのように変化していったのか，もしくはその経過をお互いに示していくことによって合意形成を

していくことが求められる。そのためには、教師たちは子どもの要求を分析するとともに、自身の実践を語る言葉をもっていなければならない。その際重要なのは、自身の実践の何が子どもの要求に応えるものになったのか、ということを分析し、検証していくことである。

未来を語り、過去の実践を分析・検証しながら、現在目の前の子どもたちに働きかける過程をそれぞれの教師が積み重ねて交流していくことが、様々な価値観が共生する学校づくりにつながっていくことだろう。

(3) 教師と保護者のつながり

教師集団づくりと同じように、未来を語り合い、現実を共に見つめながら、教師が保護者とつながっていくことも、様々な価値観が共生する学校づくりには不可欠である。すなわち、子どもにどのような力をつけていくことが望ましいのかを語り合い、その姿に向けて、今、乗り越えなければならない課題を保護者と共有していくことが求められる。

子どもの発達要求が個性あふれて多様であるから、その子どもの幸せを願う親の要求も多様であって当然である。モンスターペアレントという言葉が社会に馴染んでしばらくたった。学校として受け入れられない要求に対して毅然と向かい合わなければならないこともあるだろう。けれどもどのような対応をするときにも忘れてはならないのは、学校に無理難題を押しつける保護者たちも、学校に協力的とされる保護者たちと同じように子どもの幸せを願っているということである。

一方では、競争社会のなかでわが子がいつ脱落するのではないかと苦しんでいる保護者たちがいる。他方で、競争社会から取り残されたことを、「家庭の責任」として背負わされ苦しんでいる保護者たちがいる。競争社会から背負わされている保護者たちの苦しみを、教師は心にとめておきたい。

このように留意しながら保護者に接する際に必要なのは、子どもに対してと同じように、保護者の生きづらさに対しても共感的に対応することである。そこでは、保護者の願いが何で、社会で生きていく上で何が子どもと保護者を追い詰めて生きづらくしているのか、ということを考えながら保護者に寄り添う

ことが必要である。保護者に寄り添うことは，子どもの育ちに関する苦悩，家庭の経済的状況や家族関係，校区内の他の保護者とのつきあいといった身近な問題だけを見ていくことではない。寄り添うことができるには，家族のあるべき姿を社会から「あたりまえ」のこととして強要されることの苦しさなどに目を向けていかなければならない。

　このような寄り添い方をふまえて，教師が子どもの発達課題を保護者と話し合うときに改めて求められることは，子どもの発達上の課題を個人的な問題として一家族内にとどめるのではなく，この課題が社会で多くの人々と共に生きていく上での課題でもあることを意識しておくことである。村瀬ゆいは，困っている保護者が他の保護者とつながることができるように，子どもたちの地域での遊びの場づくりを通しながら，保護者たちの「サロン」をつくる援助をしている（篠崎・村瀬，2009：174-178）。つながりを必要としているのは子どもだけではなく，保護者たちも同様である。

　また，関係諸機関やNPOなどによる支援ネットワークを子育ての悩みに応じて活用していく方法があることも，教師は常に視野に入れておくとよいだろう。特に，発達障害の子どもを育てている保護者にとっては，子育ての見通しが多少は立てやすくなること，同じ境遇の保護者とつながることなど，得るものは大きいはずである。

（4）教師と地域社会の教育自治の発展

　親の生きづらさの要因の一つに挙げられて久しいものに，地域社会の崩壊がある。地域社会の崩壊は，一面では直接的な同調圧力からの解放をもたらしたかもしれない。しかしながら一方で，様々な価値観と出会う機会を奪っているということも否めないだろう。自分の価値観だけで「あたりまえ」の感覚をつくり出し，それだけを他人に求める傾向が，地域社会の崩壊によって促進されている。そして，異質な価値観を受け入れることのできない人々のまなざしが，「あたりまえ」を共有できないマイノリティの人にとっては見えない圧力となっている。見えないものに抵抗することは難しい。「あたりまえ」に抵抗しようとする人にとって，この種の圧力は見えづらく掴みにくいものになったた

め，それをはね返すことが一層難しくなっている。

さらに，現在では国家や自治体がこのような見えない圧力を助長している＊。たとえば「早寝・早起き・朝ごはん」や「食育」における家庭責任論である。このようなスローガンの多用を許す社会は，そのスローガンに適応できない家庭をますます追いつめる。

> ＊文部科学省『教育委員会月報』2010年6月号（No.729）では，「家庭教育支援の充実について」が特集されている。そのなかでの家庭教育の現状の把握の仕方は，0〜18歳の子どもをもつ20〜54歳の父母3000人への「世の中全般に家庭の教育力が低下していると思うか」という質問に代表されるように，多様な家庭のありかたに決して寄り添うことのないものが基本となっている（文部科学省，2010：10-21）。

このようなスローガンを伴うトップダウンの行政のあり方とは反対に，草の根からボトムアップで地域の教育力を高める実践もある。今関和子が取り組んだような，保護者の性教育への要求をつなぎあわせて，学校で実施できない性教育を地域の手で行う実践には（今関，2009：175-188），黒崎勲が指摘するような（黒崎，1999：77-120），自らを教育しながら展開する地域社会による教育自治が存在する。そしてこのような教育自治のあり方は，山田綾が指摘するように（今関，2009：189-201），保護者の市民性育成につながり，ひいては地域社会が市民社会へと成長する展望につながっている。

では，地域社会を市民社会へと成長するよう促すことは，特別支援教育とのようにつながるだろうか。特別な支援を必要とする子の家庭は多くの場合，地域社会から孤立しやすい。そこには「あたりまえの家庭教育ができていない」という無知ゆえの非難の視線や，「私たちの家庭とは関係ない」という無関心な態度があるからである。そのため，特別支援を必要とする子の家庭は萎縮し，周りとの関係を自ら遮断してしまいがちになる。このような状況に対し，教師が保護者同士を教育に対する要求でつなげていき，ボトムアップで地域の教育力を高めることは，保護者同士の出会い直しを生む可能性を高くする。

このような地域社会をつくっていくために，将来転勤によって地域から離れたとしても市民社会が育っていくような教師の姿勢が期待される。

(上森さくら)

> **学習課題**
> （1） 学校教育で特別ニーズ教育の展開が求められるようになった背景や特別なニーズのある子どもの生きづらさや自立の課題を説明できるように整理しておこう。
> （2） 特別なニーズのある子の教育方法を個人指導と集団指導の観点から考える意義について，生活指導・学級づくりの実践記録を集めて話し合ってみよう。
> （3） 学校で発達の基盤に課題を抱えている子どもたちに取り組むための教師相互の連携・共同，教師と地域・保護者との連携・共同を阻んできた原因について，身近な教師へのインタビューを通して調べ，分析して連携・共同のために必要な視点を話し合ってみよう。

参考文献

浅井春夫・山科三郎「現代の『子どもの貧困』を解剖する」『経済』No.171，新日本出版社，2009年。
今関和子『保護者と仲よくする5つの秘訣』高文研，2009年。
大藤栄美子ほか編『登校拒否児の未来を育む』大月書店，1992年。
大和久勝『「ADHD」の子どもと生きる教室』新日本出版社，2003年。
黒崎勲『教育行政学』岩波書店，1999年。
子安潤『反・教育入門』白澤社，2006年。
近藤益雄「精薄児の生活指導」『生活指導』12号，明治図書，1960年。
篠崎純子・村瀬ゆい『ねえ！聞かせて，パニックのわけを』高文研，2009年。
白石正久「療育における指導とは何か」『障害者問題研究』Vol.37, No.3，全障研出版部，2009年。
全生研常任委員会編『新版　学級集団づくり入門　中学校』明治図書，1991年。
玉村公二彦「特別ニーズ教育の国際比較と国際的動向」冨永光昭ほか編『特別支援教育の現状・課題・未来』ミネルヴァ書房，2009年。
浜谷直人「特別支援教育とインクルージョン」『生活指導』676号，明治図書，2010年。
文部科学省『教育委員会月報』No.729, 2010年。
湯浅恭正編『特別支援教育を変える学級づくり・授業づくり』全3巻，明治図書，2009年。

湯浅恭正ほか編『子どものすがたと　ねがいを　みんなで　排除しない学校づくり』クリエイツかもがわ，2011年。

渡部昭男「特別ニーズ教育」日本教育方法学会編『現代教育方法辞典』図書文化，2004年。

第10章 情報メディアと教育方法

　技術革新は教育方法を変えるだろうか。そして，それに伴って教師の意識や学習者の認識は変わるのだろうか。より限定的に言い換えれば，学校で用いられる情報メディアの変化によって，これまでの教育方法が変わったり，授業者や学習者のものの見方や考え方が変わったりするということが起こるのだろうか。

　このことを論じるために，この章では，以下のような手順で検討を行う。まず，なぜ技術の進展が教育方法や教師の意識を変えるという言説が起こるのかを，メディア論に立ち返って検討する。次に，過去に検討された「新しい」教育機器の導入という古い問題を検討する。これらを通して，人びとの教育実践への根源的な願いが新しい教育機器に対しても教育的な意味を付与していることを見ていく。

1　新しいメディアは新しい教育方法と意識を生み出すか

　Web2.0という概念がある。このWeb2.0という命名は，聞く者にたいへん大きな期待をもたせるという点で商業的戦略性に秀でている。2004年頃から使われ出したこの表現は，狭義には双方向型へのWeb環境の技術革新を意味するが，その利用者たちの活動や考え方までもがあたかもソフトウエアのバージョンアップのように劇的に変わるような印象をもたせる。Web2.0の技術を用いたWeb検索エンジンやオンラインショッピングの世界的大手企業の短期間での成功（森，2006：56参照）は，Web2.0に，通信技術的あるいは商業的な意味合いだけではなく，社会文化的な変動の意味合いをもたせる。さらに，2010年頃からの北アフリカをはじめとする世界情勢の変化や世界各地を襲った大きな災害の救援活動に際してWeb2.0の技術を活かしたSNS（Social Network Service）やネットメディア等が大きな影響を与えたという報道を耳にすれば，新しいメディアの到来が国づくりやまちづくりにおける人びとのつながり方や関わり方

の質を変え，さらにこれまでの人びとの意識を変えるかのような印象が世論として形づくられても不思議ではない。

　Web2.0という命名の恐ろしさは，私たちを取り巻く社会的な仕組みが一朝にして自動的にアップデートされるような気分にさせることである。ここに異化の視力や聴力を働かさなければならない。Web2.0を用いた「群衆の叡智」（集合知）が賞賛されるなかで，その警鐘にも留意しなければならない。「沈黙の螺旋」「一極集中」「集団分極化」などのように，集合知や民主主義が上手く機能しない状況が報告されている。「沈黙の螺旋」などの概念は，これまでにも社会学用語として1960年代から使われていたものであるが，むしろWeb2.0時代を迎えてより先鋭化されている（森，2006：第7章，参照）。また，ユビキタス社会において，インターネット上に蓄えられた自己の活動記録と自らの記憶とに食い違いが生じた際の自己物語（アイデンティティ）の問題や，行動記録の分析から自動的に自分にぴったりの選択肢が用意されることによって異なる特性をもつものとの接触機会を喪失する問題も指摘されている（鈴木，2007：97-116参照）。

　このような広汎なメディアを取り巻く言説の延長として，新しい情報メディアが教育実践に対して教育方法2.0とでも言うべき環境を用意してくれるかのような錯覚に陥りがちである。ICT（Information and Communication Technology：情報通信技術）の利用，特にその象徴として2009年頃には電子黒板や電子教科書の導入の是非が話題になるなど，一見すると新しいメディアの学校への導入によって子どもたちの学びが変わり学校が変わるかのように思われる風潮が起こってきている。

　少し目を未来に向ければ，目に見えない電子の情報のやり取りだけではない変革が教室に現れるかもしれない。二次元プリンタを手にすることで自宅に個人的な「印刷所」をもち情報を印刷することができるようになったが，三次元の立体を出力するプリンタの出現によって自宅に個人的な「工場」「製造所」をもち情報を物質化することができるようになる世界が予見されている（田中，2010：4）。コンピュータと連動した三次元プリンタ自体はすでに製造業の金型づくりなどで活用されている。もしも三次元プリンタが職員室や教室で日常的

に使用されるようになったら，授業の様子は一変するのだろうか。技術革新は，私たち人間の学びの様式を組み変えるものなのだろうか。

　学校での学びに限定して考えてみても，これまでに多くの技術革新の象徴とも言える教育メディアが次々に教室に持ち込まれた。しかし，紙に印刷された教科書やノートあるいは黒板といった，現在教師をしている人たちが子どもであった頃からのメディアが未だに教室の学びを支えているではないか。しかしまた一方で，地味な変化ながら，子どもたちが教室に持ってきていた冊子体の英和辞典や国語辞典や漢和辞典がじわじわと電子辞書に置き換わっているのも事実だ。コンピュータを利用して授業ができる教員の割合を文部科学省が毎年調査し続け，都道府県ごとのランキングを公表して競わせた結果，今や多くの教員がコンピュータを授業やその他の校務において使用するようになってきている。たとえば，学校が公開する研究授業を見に行くと，研究成果の全体説明などでは，情報機器を使いこなしているという点ではたいへん見事なプレゼンテーションがどの学校でも行われるようになった。

　新技術の登場が従来どおりのやり方に修正変更を求める（technology push）という発想は，これまでにも教育工学の世界において繰り返し語られてきた。本来は学校現場の需要や必要性が新しい技術の開発を促す（demand pull）という流れでありたいが，現実にはメディアの革新によって年間計画・単元構成・教材教具・教授組織・学習形態・教室空間利用・学習時間・教授－学習方法・評価等の授業システムを変えることが要求されているという現状認識も示されている（水越，1996：3）。

　このように頭を巡らせてみると，いったい，メディアが教育を変えるというこれらの言説はどこまでが本当なのだろうかと問いたくなる。それを確かめるためには，新しい情報メディアに教育方法や教職意識の変革までを求める発想はどこに源泉をもつのかを解き明かす必要がある。そこで，これまでのメディア論に大きな影響を与えてきた考えを整理することから検討を始めよう。

　なお，本章では，メディアという表現を，マスメディアを含めて情報を媒介するものとして広義に用いる場合と，学校教育における情報メディアという意味合いで教材や教具あるいは校具等に限定して狭義に用いる場合とがある（詳

しくは，河原・中野・平田，1979，参照)。特に後者については，教科書を中心とした教育内容に密接な観点からも多くの考究がなされてきているが，どのような教具を用いて教えるのかの標準化は何をどのように教えるのかの管理統制と密接に関連していることだけを指摘して，本章においてはこれらの詳細な検討には立ち入らないものとする。

2　メディアはメッセージにしてマッサージである

　日進月歩の技術革新が起こる情報メディアと教育方法についての議論をする際には，現下の議論だけではなく，むしろ数十年前にどのような議論が行われていたかについて検討する方略が有用である。

　20世紀中葉にメディア論に大きな影響を与えた英文学者マーシャル・マクルーハン（McLuhan, H. Marshall）は，口承文化（声の文化）から手書き文字文化，そして活字文化（大量印刷文化），さらに電子文化へという大きな時代区分を設定しつつ，「メディアはメッセージである」および「メディアはマッサージである」という表現に代表される知見を提起している（マクルーハン，2010，原著は1967年。なお，この著作は，1962年の『グーテンベルクの銀河系』や1963年の『人間拡張の論理（メディア論）』などでの論考を再構成したものとされている）。

　「メディアはメッセージである」という指摘は，巷間で言われる「メディアとは情報の媒体のことである」といった定義や「メディアは偏りのない空っぽの伝導管ではなくて，そこでは情報の再構成がされているのだ」といった論議とは趣を異にしている。ここで主張されているのは，伝えられる内容を分析する以前に，どのようなメディアを用いるかによって私たち自身の生活様式や思考様式が形づくられているという指摘なのである。たとえば，新聞はモザイク的な情報の集合体である。新聞の一面では，政治経済の情報が掲載されたその隣にスポーツや事件事故の話題が掲載されている。見出しが変わりさえすれば隣り合わせに全く異なる別の内容が書かれていることに驚かないのは，新聞というメディアの特性に合わせて私たちの思考様式が習慣化されているからなのである。

一方,「メディアはマッサージである」という言説は, これらの日常的に慣れ親しんだメディアによって形づくられた思考枠組みが, それまでとは異なるメディアが登場することで組み変えられることを述べたものである。マクルーハンは, このことについて次のように述べている。「印刷は, 人びとがひとりで, 他人と離れて読むことができるポータブルな本を生み出した。……中略……印刷された本は, 個人主義という新しい信仰を促進した。個人的な, 固定した意思というものが成立するようになり, 読み書き能力は, 超然として, 事物にかかわり合わずにいられる力を与えた」(マクルーハン, 2010：50)。言い換えれば, 印刷された書物が「孤独な学習」(learning alone) を可能にし, さらにそのような学び方を人びとに志向させるようになったという主張である。

　これらのマクルーハンの論考は, その後, 長きにわたって, カナダをはじめとしたメディア・リテラシー教育の実践家たちに大きな影響を与えているという (菅谷, 2000：84)。

　そのマクルーハンとの間で相互に影響を与えあったと言われるウォルター・オング (Ong, Walter J.) の研究は,「声の文化」と「文字の文化」とではそのなかで生きる人びとのものの見方や考え方に違いがあることを明らかにしたものである。その際, 特にオングが示唆を得た先行研究の一つは, アレクサンダー・ルリヤ (Luria, Aleksandr R.) が行った, 文字文化に馴染まない人びとのフィールドワークである。ルリヤは, レフ・ヴィゴツキー (Vygotsky, Lev S.) の薫陶を受けて, 1931年に当時のソビエト連邦のウズベク共和国とキルギス共和国の奥地で, 読み書きのできない (「声の文化」のなかで生きている) 人びとや少しだけ学校に通って「文字の文化」にも触れている人びとの調査を行った。そこでは, たとえば「木とはどういうものか説明してください」という問いに対して「木とはどういうものかみんな知っているよ」と答えるといった事例が報告されている。つまり,「声の文化」に生きる人びとにとっては, 生活文脈と切り離された抽象的な概念操作は志向されないというのだ (オング, 1991：116)。これは話されたことばが書かれたことばよりも劣っているということではない。文字による記録を行わない話し言葉の世界 (「声の文化」) においては, 記憶の方法や創作の概念も「文字の文化」とは異なっている。文字の

ない文化は，単に文字を知らないというだけではなく，文字を操る文化とは異なるものの見方考え方をすることを，オングは指摘しているのである。

　マクルーハンやオングの論考は，口承文化・手書き文字文化・印刷文化・電子文化といった大きな次元でのメディア論であった。それでは，授業においては，この「メディアはメッセージである」といった言説をどう引き受ければよいのだろうか。

　このオングの論考に学びながら，小柳和喜雄は，「声の文化から文字の文化への移行期と似た現象が学校の中で起こっている」と述べている。さらに，小柳は，「印刷テキストベースの認識枠組みに縛られないICT独自の認識枠組み」の発見のためにも，「これまでの授業のなかで何ら問われることのなかったアプローチや認識方法を，情報教育と関わって，今一度，立ち止まり，状況，話題，学習者のスタイルなどに応じて見つめ直していく教師の意識や態度が求められる」と主張している。つまり，新しい情報メディアの導入によって，既存の授業スタイルでは対応できない思いもよらない事態が起こり，メディアから情報を取り出すだけではなく，話し合いを楽しみつつ考えを練り上げる「場」としてメディアを位置づけ交流することを通して新しい認識が生まれることが，電子メディア時代の学びに期待されているのである（小柳，2003：48-49参照）。

3　学習の効率化がたどった道

　1971年に原著が刊行された『脱学校の社会』において，イヴァン・イリッチ（Illich, Ivan）は，新しい学びへの期待を込めて，学習環境としてのWebの概念（ただし現在のインターネット社会とは異なる）をすでに提唱している。そのイリッチが「（真の）隠れたカリキュラム」に目を向けない表面的な解決法として批判するのが，前節で取り上げたマクルーハンと本節で触れるバラス・スキナー（Skinner, Burrhus F.）である。イリッチは，後に『脱学校化の可能性』に収録された1971年の論文において，次のように述べている。

　　さらに別の批判者たちは，学校が近代的科学技術を効果的に役立てていないことを強調する。彼らは，教室を電化するか，学校をコンピュータ化され

> た学習センターに置き換えようとする。マクルーハンに従うならば、彼らは黒板と教科書の代わりに、複数メディアによるハプニングを利用するだろう。またスキナーに従うならば、伝統的な教師と競争し、コスト感覚の鋭い教育委員会に、測定可能な行動変容の節約型パッケージを売り込むだろう。
>
> （イリッチ，1979：14）

　マクルーハンやスキナーの学問的な見解が上記のイリッチによる要約に解消できないことは確かだ。しかし一方で、それらが政策として学校に立ち現れる際に起こるであろう状況を予見しているという点では、イリッチのこのような批判に耳を傾けないわけにはいかない。

　1954年のスキナーの論文から始まるティーチングマシンに関する議論は、パブロフの古典的条件反射理論をスキナーが道具的条件反射理論として発展させた行動主義の心理学の上に成り立っていた。この当時の議論を今日の視点から断罪することは適当ではない。むしろ、提唱者たちが何を願っていたかを明らかにすることが肝要である。1961年に出版された『ティーチング・マシン』のなかで、教育哲学の大家である村井実とその弟子にして教育工学の草分けである沼野一男らは、コメニウス（Comenius, Johann A.）が『大教授学』において示した教授原理のうちの1つである「生徒が示した成果については直ちに正確に反応してやること」について、人間が授業のなかでどれほどきちんと実行しているのか、と問いかけている（村井ほか，1961：3-7）。このように、ティーチングマシンを日本において受容しようとした研究者たちの願いは、たんに学習を個別化すれば効率的であるということではなくて、学習者一人ひとりの身に掛かる刻々の評価を得たいということであった。このことは、その願いに対して誰がどのように応えるべきかということと併せて、現在にも引き継がれて検討されるべき課題なのである。村井らが行ったティーチングマシンへの期待を込めた議論は、その後、プログラム学習やCAI (Computer Assisted Instruction) へと発展していく。

　しかしながら、その後、ロボット工学の分野で、スモールステップの原理に従って入力したプログラムが、実験室のなかでは上手く作動するにもかかわらず、日常生活の場面では想定外の事態に遭遇して「フレーム問題」と呼ばれる

行動不能状態を起こすことが知られるようになった。高度な数理処理をこなすコンピュータ搭載のロボットであっても，わずかな環境の変化によって台所から水を汲んでくることさえできなくなるのである。このような機械の行動と人間の日常生活との違いについての研究を通して，緻密なプログラムによって学習効率を高めようとする方略には限界があることが明らかとなっていった。

　その後の教材設計原理の主流は，行動主義から認知主義，認知的構成主義，社会的構成主義，さらには問題志向的な授業観への変遷として捉えられている（本田，2003：13-17）。この変遷について，山内祐平は，技術の普及のみで成立したわけではなく，「学習とはそもそもどのような行為でありどうすれば支援できるのか」という学習観の違いとして指摘している（山内，2010：2-5）。

　このような変化はe-Learningの研究にも見られる。佐藤卓己は，真に効率的なe-Learningを追究していくなかで，これまで重要視されていた時間的自由度（何時でも学べる）ということだけではなく，教師やメンター・チューターや他の学習者との対人的な相互作用のある学び（双方向性）が注目されるようになり，様々な学習形態やメディアを組み合わせた「ブレンディッド・ラーニング」（blended learning）が主流になってきていることを報告している。そしてこのことから，情報化が教育に変革を引き起こすのではなく，むしろ情報化が「既存の教育・学習やカリキュラムのなかに組み込まれていく」という捉え方が示されている（佐藤・井上編，2008：306-312参照。なお，山内編，2010：第5章の企業研修におけるe-Learningの論考も参照のこと）。

　ただし，ロボットを含めた情報メディアの振る舞いが「機械情報」（西垣，2007：23-27参照）によるものであるとしても，機械と人間との間に線を引いて済んだ気になってしまわないことが肝要だ。機械と人間との間に気やすく線を引くことをせずに，その前で立ち止まることによって，教育実践を拓いていく研究も生まれている。ロボットのプログラミングで発生した「フレーム問題」から，ロボットと自閉症児の類似性が発見され，そこに文化人類学的アプローチ（正統的周辺参加や状況的学習論）の知見が加わることによって，その後の学習理論にも「教え込み型」から「しみ込み型」へといった大きな変化が起こりつつあるとされている（渡部，2005：17-22参照）。このように，機械と人間と

は違うということと同時に，機械と人間とは似ているということも学びや発達の支援に際して大きな示唆を与えることとなったのだ。

機械は人間の感覚の拡張であるというマクルーハンの主張や電子メディア時代の到来の「予言」との共通性がある論考として，ブルース・マズリッシュ (Mazlish, Bruce) の「第4の壁」（より原著に正確に言えば「第4の不連続」）という捉え方がある。このマズリッシュの見解は，コペルニクスによって宇宙と人間との連続性が示され，ダーウィンによって動物と人間との連続性が示され，フロイトによって人間の意識と無意識の連続性が示され，そして現在は人間と機械の連続性が示されつつあるというものである。本田敏明は，マズリッシュの論考に学びながら，人が機械をどう使いこなすかという「不連続感」と，人の諸感覚や身体の延長としての機械という「連続感」「一体感」とを対比しつつ，「なぜ人間は自分を機械と隔たった存在と考えたがるのか」という問いに注目している（本田，2003：7）。ここで本田が考察を行ったのは情報教育についてであるが，情報メディアと教育方法の間を問うということは，これと同様に，人間と道具と機械の間を問うということであり，ひいては，自然と人為との間を問うという教育学上の課題に至らざるを得ないのである（吉本，1994：119，147参照）。

4　教育方法を実現するものは学びへの願いである

本節では，「教えたいもの」を「学びたいもの」に変えるという授業づくりの核心部分において，情報メディアの力を借りながらも，教師による子ども理解と教材研究の結晶点としての「願い」が不可欠であることを示したい。

「情報機器と教育技術」という論考において，中野和光は，両者の関わりを次のように描いている。

> スライド映写機，8ミリ映写機，16ミリ映写機は大量の映像情報を提示し，それにもとづいた授業を可能にした。／OHPの発明は，一人の子どものノートをTPに複写し，それを投影して学級の全員で討議するという授業形態を可能にした。／学級のなかのLANで結ばれたパソコン同士のデータのやり取り

（イントラネット）は，学級のなかで席を動かさずにパソコン画面上に書かれた同級生の作文を読んだり，感想を書いたりすることを可能にする。

(中野，1999：262)

　ここに書かれているのは，教師の願いと学習者の願いが情報メディアによって引き出され顕在化するということである。最初の映写機について書かれた部分は，「大量の映像情報」を見たいという学習者の願いとそれを見せたいという教育者の願いを，映写機を用いることで実践化したということである。現在のプロジェクタや電子黒板の議論においても，美しく迫力がある精密な動画や静止画を見たい・見せたいという願いに受け継がれている。次のOHPについて書かれた部分は，授業のなかで焦点化された一人の子どものノートを皆で見合いたいという願いと，学級の全員で討議するという授業形態で学び合いたいという願いを内包している。さらに言えば，パソコン同士のデータのやり取りで同級生の作文を読んだり感想を書いたりするという一文は，教室で席を隣にする子どもと子どもであっても関り合い支え合うことが困難な現実に直面しながらも，紙媒体の情報メディアの下で学びでつながり合う実践を展開しようと構想し模索してきたからこそ，新しい情報メディアの導入に寄せてその願いを実現しようとするものなのである。だからこそ，情報機器（本章で言うところの「情報メディア」に相当する）の発展を教育技術（本章で言うところの「教育方法」）の側から祝福することができるのだ。

　ここで，隣の席の学習者とつながる情報メディアの実践事例を見てみよう。

　長崎県佐世保市の公立中学校の国語科教師である近藤真は，骨董品ともいうべき旧式のコンピュータを教室内の回線でつないで，「連句を作る，連句でつながる」という実践を行っている。級友がつくった五・七・五の発句を承けて，指を折りながら「文字を打っては消し，消しては打ち」しながら七・七の脇句をつけていく。この競作のなかで，「同じ一座に集う表現者として」「ことばが誕生する瞬間に，その教室にいる生徒が全員で立ち会う」実践が生み出されている。「そうこうしているうちに，ぞくぞくと脇句ができてきた。制限時間が来ると，一人ひとりの画面をLANで全員に送る。大きな声で私が読んでやる。それぞれについて連衆（れんじゅ：クラスの生徒たち）が感想を添える」（近

藤，2010：107）。ここに報告されているのは，時として無言の凝視やどよめきを伴う緊迫感と解放感のある実践である。

　その際，道具を作った者と使う者との対話という主題で佐伯胖が著した『新・コンピュータと教育』のなかでその例証として用いられた近藤の実践と併せて考察するとより意義深い（佐伯，1997：88-90参照）。近藤は，「漢字を使って書く，楷書で書く，このハードルを越えられないがために，表現そのものを放棄してきた生徒にこそ」文章を綴らせたいと願い，「この目的一つの実現のためにあらゆる手をつくす」という（近藤，1996：8,12）。それは，金田一春彦が「漢字を恐れぬタイプライター」と形容したワープロ——その形容はワープロを設計制作した技術者たちの願いでもあろう——を「指一本打法」でたどたどしく変換するS男が初めて書いた作文で，漢字変換率でクラスの最上位かつ最適使用率となる逆転のドラマとして結実する。

　生徒の誰でもが表現者として教室のなかに居場所を得るという願いを，「漢字を恐れぬタイプライター」としてのワープロと「座の連衆」として巻き込むLAN回線によって実現しているのだ。教育方法を実現するものは，教師と学習者との学びへの願いなのである。電子黒板を全ての教室に導入せよという主張にも，そんなものは国費の無駄だという主張にも，共に欠けているのは，これまでの授業の構造上の弱点を自らが見いだした方法で克服できたらいいなという技術者や実践者や学習者の願いへの思慮なのである。

　コンピュータに接続された電子黒板やプロジェクタを用いた教育実践の提起では，これらの機器を用いることによってどのような願いが実現されているのであろうか。

　類書にあたってみると，機器使用による利点が概ね以下のような教授＝学習過程上の行為として述べられていた。すなわち，注目させたい部分や見えにくい部分を拡大できる，視線を集中できる，作品に「赤ペン」を書き込んだり，何度でも書いたり消したり，提示したり隠したりできる，動画や音声を含めた臨場感のある資料を見ることができる，最新情報を得ることができる，遠隔地の他者とつながることができる，それらを保存して復習や次の授業に生かすことができる，などである。つまり，テレビやインターネット機器に感覚をマッ

サージされた世代に対する教育方法として，拡大・書き込み・移動比較・保存などの教材提示上の演出が求められているということである。

さらに，教材への学習者の関りも，「参加型」であったり「シェア（共有）」を意識したものであることが，これらの機器が用いられる際の特徴ともなっている。法的な意味においてノートは個人の所有物であるとしても，教室における学習ノートは個人を超えて陶冶材として共有される可能性に開かれている。これまでは再現性や拡大性などの物理的な制約により難しかったこの共有が，電子メディアの技術を使うことによって実現しているのである。

ただし，これまで本当に技術的あるいは物理的な制約のために教室でのノート共有をしなかったのかについては再考を要する。むしろ，そのような学級文化が育っていなかったのだし，教師がそのことには関心を払わなかったのだ。つまり，ノートを見せ合う学習の習慣ができているというのは，電子黒板やプロジェクタというメディアの特性を借りた学級文化づくりなのである。ノートに書かれたアイディアを共有するというメディアの使用方法を習慣化した教師やその学級の子どもたちは，学校生活を終えて面前に電子黒板がない場面でも，何らかの手段を講じて知の共有を図るのではないだろうか。

技術産業の大きな開発推進の力の前では，学習者や教育者の「願い」など卑小な存在と思えるかもしれない。しかし，だからこそ，教師や学習者と新しい情報メディアの技術者とが全く別のところにあると分断することよりも，どんな願いを込めているのか，あるいはどのように学習疎外状況への怨念を募らせているのか，注意深く聴き取らなければならない。そして，いかに有効に見えようとも，学びへの願いが見えない教育方法に対しては，「誰のために」「何のために」と問い返していかなければならない。

5 後ろ向きに進んでいく教師に寄り添い励ます

本章では，教育方法学や教育工学が長きにわたって検討してきた情報メディアの問題について，これまでの研究成果を踏まえながらも（より詳しくは，中野，1976参照），授業者や学習者の学びへの願いを聴き取ることの側面から再考した。

その際，授業づくりへの肯定的な願いが前面に出すぎた感がある。しかし，マクルーハンが言うように，「われわれは未来に向かって，後ろ向きに進んでゆく」（マクルーハンほか，2010：75）存在でもある。だからこそ，次のような問いは実践的に切実な課題である。すなわち，新しい情報メディアを教室で使うことが好きな教師とこれに否定的な教師との間，あるいは管理的伝達注入主義の発想から逃れられない教師と協働的で問題探究的な発想を好む教師との間には，どのような和解があり得るのだろうか。また，教師間の抗争というだけではなく，我が内なる心に同居している新しい情報メディアや教育方法への期待と恐れと憧れと嫌悪にどのように折り合いをつけていったらよいのだろうか。

現在が大きな高度情報化社会の革命の只中であるという言説を仮に採用するのであれば，それに取り残されつつある教師世代の立場に寄り添って情報メディアと教育方法について語り合われなければならない。その語りの場では，旧メディア人には新メディアを用いた学びは想定不可能であるとして断絶を憂えるのでもなく，また，旧来のメディアから新しいメディアへの移行に際して起こると期待されている思考様式の「マッサージ」や「ヴァージョンアップ」に丸投げするのでもなく，そうではなくて，現今の活字印刷文化における情報メディアの下での教育実践を支えている教師たちのなかに既に話し合いを楽しみつつ考えを練り上げる「場」として交流する教育実践（小柳，2003：49）への願いが萌芽しているものとして捉えることが重要である。

生活文脈から切り離された知識伝達モデルが支配的な印刷メディアの時代に育ち，またそのなかで教えるという仕事に携わってきた教師たちである。しかしながら，その一方で，伝達注入ではない学び合う場としての授業づくりをしたいという願いを——どれほどの割合かは人によって異なるとしても——持っている。現今の教師のなかにもう一人の教師がいることを指し示し，期待を掛けることなしには，メディアの変革による教育技術の画期を言うことが教育実践を支える理論となりうる可能性は薄い。それどころか，次の世代のメディアの思考様式を先取りする子どもたちとそうでない教師という対立軸を，あるいは次の世代のメディアの思考様式を先取りする教師とそうでない教師という対立軸を際だたせるだけに終わってしまう。次の世代の子どもたちに希望を見い

だすのが教育であるとしても，今の教師たちに期待を掛けず信頼を置かない教育言説は，教師をアテにしていないが故に，教師にも相手にされないのである。

　これは情報メディアが教育方法の発展や熟成に関与しないという主張ではない。そうではなくて，新しい情報メディアによって新しい教育方法や教職意識が拓かれるという「大きな物語」に対して，その下で呻吟しながら行われている教育実践の「小さな物語」に伏流する願いを聴き取ることなしには教育方法の熟成や教職員の同僚性の恢復は生まれ得ないということをつぶやくものである。時代に取り残されている意識の遅れた教師がいるのではなくて，困難ななかで学びへの願いを掛けつつ実践を続けるもう一人の教師がいると捉えるときに，共同を働きかけることができるのである。教師の人生にとって情報メディアとその発展はどのような意味をもつのかを問いつつ伴走する技術と学問が求められるところである。その時，そこでは，情報メディアの技術の発展には解消され得ない教育実践上の願いが存在していることを発見し認め励ますような，教師の成長を支えるような，臨床の知を含んだ語り掛けが成立するであろう。

学習課題

（1）文部省（当時）あるいは文部科学省によって示された「教材基準」「新教材基準」「標準教材品目」「教材整備指針」において所収された情報メディアがどのように変遷しているかを調べてみよう。その際，情報を与えるメディアだけではなく，情報を遮断したり制限したりするための教具としての「衝立」にも注目して分析してみよう。また，これらに示された情報メディア以外に，あなたが実現したいと思っている教育実践を支えてくれる情報メディアとして何かを挙げることはできないだろうか。

（2）本章では取り上げることができなかったが，①電子教科書（いわゆる「デジタル教科書」），②通信教育（遠隔教育）やe-Learningと格差（デジタル・デバイド），③職員室のネット化や学校間クラウド校務処理，④情報モラルや情報セキュリティを含めたメディアリテラシー，⑤情報メディアセンターとしての学校図書館，⑥学校教育活動における著作権，⑦学校のマスコミ対応，⑧ICTを用いる教員の養成政策，⑨適性処遇交互作用（ATI: Aptitude Treatment Interaction）等について文献を探して検討してみよう。

参考文献

イヴァン・イリッチ他，松崎巌訳『脱学校化の可能性――学校をなくせばどうなるか？』東京創元社，1979年（原著書刊行1973年）。

小柳和喜雄「情報教育と授業」本田敏明編『情報教育の新パラダイム』丸善，2003年，35-55頁所収。

小柳和喜雄『教師の情報活用能力育成政策に関する研究』風間書房，2010年。

W. J. オング，桜井直文他訳『声の文化と文字の文化』藤原書店，1991年。

河原喬雄・中野和光・平田宗史「教具を中心とした教授方法史の実証的研究（一）」『福岡教育大学紀要』第29巻，第4分冊，1979年，137-152頁所収。

近藤真『コンピューター綴り方教室――子どもたちに起きたリテラシー革命』太郎次郎社，1996年。

近藤真『中学生のことばの授業――詩・短歌・俳句を作る，読む』太郎次郎社エディタス，2010年。

佐伯胖『新・コンピュータと教育』岩波書店，1997年。

佐藤卓己・井上義和編『ラーニング・アロン――通信教育のメディア学』新曜社，2008年。

菅谷明子『メディア・リテラシー――世界の現場から』岩波書店，2000年。

鈴木謙介『ウェブ社会の思想――〈偏在する私〉をどう生きるか』日本放送出版協会，2007年。

高橋純・堀田龍也編『すべての子どもがわかる授業づくり――教室でICTを使おう』高陵社書店，2009年。

田中浩也「ソーシャル・ファブリケーションの近未来」渡邊淳司編『いきるためのメディア――知覚・環境・社会の改編に向けて』春秋社，2010年，3-48頁所収。

西垣通『ウェブ社会をどう生きるか』岩波書店，2007年。

中野和光「教育工学への一視座――人間の主体的活動の問題を中心にして」『福岡教育大学紀要』第25巻，第4分冊，1976年，29-37頁所収。

中野和光「情報機器と教育技術」恒吉宏典・深澤広明編『授業研究重要用語300の基礎知識』明治図書出版，1999年，262頁所収。

本田敏明「情報教育の今までとこれから――教育の支流から本流へ」本田敏明編『情報教育の新パラダイム』丸善，2003年，3-18頁所収。

マーシャル・マクルーハン／クエンティン・フィオーレ，南博訳『メディアはマッサージである』河出書房新社，新装版2010年（原著書刊行1967年）。

水越敏行「メディアがもたらす教育の質変化とは」水越敏行・佐伯胖編『変わるメ

ディアと教育のありかた』ミネルヴァ書房，1996年，1－12頁所収。
村井実・沼野一男・稲垣友美『ティーチング・マシン』牧書房，1961年。
森健『グーグル・アマゾン化する社会』光文社，2006年。
山内祐平編『デジタル教材の教育学』東京大学出版会，2010年。
吉本均『教室の人間学』明治図書出版，1994年。
渡部信一『ロボット化する子どもたち──「学び」の認知科学』大修館書店，2005年。

（宮原順寛）

第11章 現代の貧困と教師・学校

　1990年代以降の急速な新自由主義的改革のもとで，日本は先進国のなかでは有数の貧困大国となっている。この状況は，子どもたちの生活と学びにも暗い影を落としている。学校では，これまでの授業や生活指導の方法では対応できない事態が増え始めている。学校と教師は多大な困難に晒され，あらたな教育実践を生み出す努力が必要となってきている。

　他方，貧困を原因とすると思われる様々な教育問題に対して，行政側からは次々と方針が提案され，現場はその効果もわからないまま振り回されている現状がある。

　本章では，我が国の貧困，とりわけ子どもの貧困の状況を確認しながら，今日提案されている学習指導，生活指導，キャリア教育等の内容や方法に関する言説の誤りを批判しつつ，あるべき教育の姿について提示することを試みたい。

1　我が国の貧困の状況

（1）貧困とは何か

　日本は貧困か豊かか？　そう問われれば「豊かだ」と答える人が多いのではないだろうか。ところが，2000年代半ばのOECDによる加盟国30カ国調査の結果，日本の貧困率は14.9%で，メキシコ，トルコ，米国に次いで第4位であり，先進国に限定すれば米国に次いで第2位となっている。5%台のデンマークやスウェーデンとは大きな開きがあり，OECD全体での10.6%と比べてもかなり高い数値となっている。

　ここで示された数字は，相対的貧困率である。これは，手取りの世帯所得を世帯人数で調整し，その中央値（真ん中の「順位」——平均ではない）の50%（貧困線）未満の所得しかない世帯を貧困と規定し，そのような世帯の割合を示したものである。さらに子どもに焦点を当ててみよう。ユニセフによる調査

(『豊かな国の子どもの貧困』2005年)が示すところによると,我が国において貧困世帯で暮らす子どもは14.3％に達している。子どもの7人に1人は貧困世帯で暮らしており,40人学級であれば,5～6人が貧困状態にあるという計算になる。学校教育において,貧困はもはや例外ではなくなっていることがわかる。

相対的貧困率が高いことは,格差社会であることも意味するが,現在の日本社会には,「格差があるが豊かな社会である」という虚言では覆い隠せない絶対的貧困が広がっていることも見逃してはならない。大人の餓死がニュースとなり,給食だけが一日のうちの唯一の食事という子どもを前にして,長期休みを生き延びられるかを教師や養護教諭が本気で心配しなければならないような事態も散見されるようになってきている(赤旗社会部「こどもと貧困」取材班,2010)。学力や道徳教育や生徒指導以前の問題として,このような生死の境界線上にある子どもにどう向き合うのかということが,学校と教師に問われているのである。

なお,相対的貧困率の使用に対する批判があるので,それに回答しておきたい。まず,日本の貧困層の所得は世界的に見て高いという批判がある。しかし,貧困層の所得の多寡はそれぞれの国の物価を加味しなければ比較できない。生活必需品の物価が高い場合,一定の所得があっても貧困に陥ってしまう。また,日本で小学校入学時にランドセルが買えないことと,発展途上国でそれが買えないことの意味が全く異なるように,人間の尊厳を維持し社会に参加していくのに必要となるものは,国や地域によって異なる。このような視点から,相対的貧困率は,それぞれの国において,人々が人間らしく生きていける仕組みとなっているかどうかを測定するのに有効な尺度とされているのである。

他方,所得が貧困の大きな規定要因だとしても,所得額のみで貧困を定義することはできないだろう。第一に,同じ所得であっても,教育・医療・住宅などに無料でアクセスできる環境の有無によっても,貧困の度合いは大きく異なるだろう。その意味で,日本の教育機関に対する公的支出の割合は,対GDP比で3.3％と,加盟28カ国のなかで最下位であるとともに(OECD加盟国平均は4.8％),教育支出のうち私費負担が33.3％と,加盟国平均の17.4％を大きく上回ることにも注目しておく必要があるだろう。

第二に，しばしば，経済的貧困以外の貧困について語られるので，この点についても考慮する必要があるだろう。我が国では，階層的に中上位にあったとしても，ジャパニーズ・カローシと言われるような長時間過密労働がつきまとう。ジョン・フリードマンが多面的に定義した貧困のなかの「生存に費やす時間以外の余暇時間」がきわめて貧困であることが見て取れる。また，ユニセフ・イノチェンティ研究所の『先進国における子どもの幸せ』（*Child Poverty in Perspective: An Overview of Child Well-being in Rich Countries*, 2007）によれば，孤独だと感じている15歳の割合が日本では29.8％と突出して高く，2位のアイスランドの10.3％を大きく引き離している。このような精神面の貧困や「生きづらさ」の問題，その背景にある「関係の貧困」も，学校や教師が取り組まなければならない貧困問題だと言えよう（生田，2009：第1章）。
　以上の考察から，貧困は「貧乏（poor）─金持ち（rich）」という対概念における経済的貧困を含みながらも，より広い「貧困（poverty）─幸福（well-being）」という対概念で捉えることが必要であり，教育実践においては，物質的・時間的・精神的・関係的な子どもの「幸福」を実現することが求められていることを確認しておきたい。

2　学校教育に現れる子どもの貧困

　では，子どもの貧困問題は，学校のなかでどのような形で現れているのだろうか。また，学校は子どもの貧困問題にどのようにかかわっているのだろうか。学習指導と生活指導に分けて見てみよう。

（1）学習指導と貧困
　学習面では，まず学力と貧困の密接な関係を見ておく必要がある（岩川・伊田，2007）。教育社会学の多くの研究が明らかにしているように，学力テストの結果は，子どもが属する社会階層に大きく左右され，経済的に貧困な階層ほど学力が低くなる傾向がある。2010年にはPISA2009の点数および分析結果が公表され，マスコミや文部科学省は日本の順位の回復ばかり強調するが，PISA

を実施したOECDは，国家間の学力格差の縮小に対して，各国内での経済的要因をも背景とした学力格差の拡大に懸念を示している。個々の家庭や子ども，教師や学校の努力を超えて，経済格差が学力に重大な影響を与えていることが示されているのだ。それゆえ学校ごとの学力テストの結果を公表することによって学校間競争をあおっても――そもそも公正な競争になっていないのだが――問題の解決にならない。さらに，近年の教育政策では，下位層には基礎・基本の徹底的な「習得」，上位層には「活用」型学力として，階層別の学習コースの設定が行われるようになってきたが，これによりさらに「学力」格差が拡大することが懸念されている。いわゆる「学力」が階層上昇の手段となっていることを考えると，学校が階層格差の拡大再生産に荷担しているという構図も垣間見える。

また，学校での学習が，宿題や塾といった家庭の努力に依存する傾向も強まっている。ここでは，たとえば外国人労働者の家庭やダブルワークをしないと生活困難な家庭の場合，塾に通わせるゆとりも，子どもの宿題をみる能力（外国人労働者である保護者が子どもの音読の宿題をみるのは困難）やゆとりも不足しているかもしれない。原則として学校の授業だけでわかることが追求されなければならないし，保護者が子どもの宿題をみることを前提にして学習指導を計画することを自明視することも見直す必要があるかもしれない。さらに，日本の多くの学校は教材費負担も当然のように家庭に依存してきた。義務教育は無償だが，教材費は別途支払いが必要である。2008年度の総務省調査によれば，給食費も含めた学校教育費は小学校平均で年10万円弱，中学校平均で約17万円となっている。これは貧困世帯にはかなりの負担となる。教員は前年度踏襲で教材を選定するのではなく，学校備品として購入する可能性も含めて検討することも必要となってきているだろう。

（2）生活指導と貧困

生活面では，まず貧困と虐待の関係についてみておこう。調査結果から明らかになっているのは（川松，2008：松本，2010），児童虐待が行われた家庭の状況として，「ひとり親家庭」が1位で「経済的困難」がそれに続くが，その他

の状況すべてに関して,「合わせてみられる状況」のトップに「経済的困難」が挙げられている。我が国の「ひとり親家庭」の貧困率の高さも考えると,虐待と貧困はきわめて密接な関係にあることがわかる。

　虐待を受けて育った子どもが学級で荒れ,トラブルを起こすというのは,多くの教師が指摘するところである。その原因として,虐待を受けた子どもは暴力の文化のなかで育てられたため,暴力で問題を解決する傾向が強い,乳幼児の発達課題である基本的信頼感を獲得できていないため,常に不安定である,自己否定感が強い,などが挙げられるだろう。貧困が深刻化すればするほど学級の荒れ・トラブルも増加する可能性が高まり,生活指導面での教師の一層の努力が必要となってくる。

　さらに,非行と貧困の関連についても指摘しておきたい。岩田正美の指摘によれば(岩田,2007),少年院収容者に占める貧困層の割合は,1985～1995年では減少傾向にあったが,貧困が深刻化してきた1990年代後半以降,その割合が上昇し,2004年には3割近くに及んでいるという。また,1985～2004年の一般保護少年,少年鑑別所入所少年,少年院収容少年における貧困層の割合は,それぞれ8.1～14.5％,17.5～26.8％,21.6～31.9％と,犯罪が重くなるにつれて貧困層の割合が増えることもわかっている。貧困の深刻化は,学校と教師に,子どもたちの「問題」行動への一層の対応を迫るものとなっている。

3　脱貧困と教師・学校

　ところで,学校で脱貧困の教育について行うべきだと語るとき,次のような二つの否定的反応が返ってくることがある。

　第一の反応は,「いくら貧困であっても個人の努力が足りないからだ」という,いわゆる「自己責任論」的な考え方である。これについては,次のように反論することができる。

　まず,努力する力の獲得自体が経済的事情に依存しているということだ。たとえば,子どもがスポーツでも音楽でも何でもよいが,「何かをやってみたい」と思ったとする。裕福な家庭ならたいていの保護者は「がんばってみなさい」

と言い，快く費用を出してくれるだろう。子どもが壁にぶつかったときも「○○ならがんばれるよ。応援しているよ」と励ましてくれる可能性が高い。貧困家庭の場合，「そんなお金はない」と言われる可能性が高い。もしチャンスを得ても，壁にぶつかって親に相談したいときに，親が不在だったり，在宅でも疲れ果てていたり，明日の生活に窮して心に余裕がなかったりして，相談にのってもらえない，あるいは「苦しいなかでお金を出してやっているのに，そんな泣き言を言うならやめろ」などと責められたりする可能性が高いのではないか。当然，前者の場合は自己肯定感が育ち「がんばればなんとかなる」という経験も重ねて，ますます努力するようになる。しかし，後者の場合，「どうせ自分は何もできない」と自己否定感が育ち，努力しても無駄だと思うようになる。このように，努力する力そのものも経済的格差に影響されながら成長するものであることを忘れてはならないだろう（湯浅，2009）。

　また，たとえ努力して学力も含めて諸能力が向上したとしても，必ずしも貧困は解決しないということだ。なぜなら，普通に働いて普通に生活するためのディーセント・ワーク（働きがいのある人間らしい仕事〔厚生労働省〕）が破壊されているからだ。この問題はよくイス取りゲームにたとえられる。10人で9個のイスを取り合ったとする。多くの場合，イスに座れなかった人は努力しなかったからであって，努力すればよかったのだ，という話になる。しかし，座れなかった人が今の一万倍努力しても，他の参加者が一万倍以上努力したらその人はまた座れないかもしれない。イス取りゲームは，どれだけ努力してもイスが足りないというのがそもそもの仕様なのだ。だから貧困は努力の問題ではなく，イスの数の問題なのだ。そして正規雇用というイスは，若年労働者に限れば，現在およそ10人あたり5個しかない。この点から見ても，脱貧困の問題は，個人の努力では解決しないことがわかるだろう。

　さらに付け加えるならば，これらの自己責任論・自助努力論こそ，先に述べた孤独感といった精神的貧困や，関係の貧困を生み出していることを忘れてはならない。自己責任論・自助努力論は，イス取りゲームからも明らかなように，他者を蹴落としてイスに座ることを求めている。ゆえに子どもたちに孤独な闘いを強いることになるし，子どもたちの関係を分断してしまう。しかも，どれ

だけ努力してもきりがないので，子どもたちを不安に陥れることになる。渋谷望が述べているように，「ミドルクラス」（実態としての経済的中流階層のことではなく，資本の力に，集団としてではなく個人の力で抗い続ける人びと―以下この意味で使用する）に所属しようとすればするほど，人びとは孤独と不安と後ろめたさにさいなまれることになる（渋谷，2010）。

　第二の反応は，脱貧困が重要なことは理解できるが，それは教師や学校の仕事ではないという反応である。

　「努力できないのは子どものせいではないことはわかるが，だからこそ，家庭がもっとしっかりするべきだ」という家庭教育責任論的な反応もあるだろう。これは自己責任論の家庭バージョンであり，結局は子どもの自己責任と同じ論理で批判可能だが，教師の多くは出自も現状も「ミドルクラス」であることが多いため，家庭教育責任論に陥りやすい。ここから抜け出すためには，教師自身が貧困問題を深く学ぶとともに，家庭や子どもの実態を正確に把握する必要があるだろう。

　さらに，貧困と学力や虐待や非行との関係はわかるが，学校や教師が家庭の貧困を救えるわけではない，あるいはイスの数が足りないのはわかったが，それは学校や教師にはどうすることもできない，という行政責任論的な反応もあるだろう。確かに，学校や教師が貧困に対して直接経済援助をしたり，雇用を増やしたりできないという意味で言えばその通りだろう。だが，学校として取り組めること，学校だからこそできるし，やるべきことも多くあるのではないか。以降では，その具体的なあり方について検討していく。

4　脱貧困のための学び

　学校で脱貧困のための学びを進めていく場合，次のようないくつかのアプローチがある。これらを組み合わせて実施することが望ましいだろう。

（1）貧困を学ぶ

　まず，貧困そのものについて学ぶことが必要である――途上国の貧困だけで

はなく，日本における貧困も含めて，本章で議論してきたような「貧困とは何か」という定義の問題や，「自分たちは貧困か幸福か」といった実感に基づく学び，なぜ貧困になるのかといった貧困を生み出す仕組みに関する学び，世界と日本は貧困にどう取り組んでいるのかといった貧困克服のあり方に関する学びなど，貧困を多面的に学んでいくことが求められる。

　ここで注意しなければならないのは，貧困を学ぶことによって「自分は貧困でなくてよかった」「こんな貧困にはなりたくない」等の意識を生み出し，「貧困にならないために」という理由で子どもたちを「ミドルクラス」に駆り立てることである。貧困を学ぶことで，貧困を生み出さない仕組みを考え，それを実現していくための知恵と力を形成していくことが求められる。

　これら貧困を学ぶ実践として，とりわけ注目を集めているのがホームレス問題に関する学びである。ホームレスを学ぶことは，憐れみの感情を育てることではない。それは，戦後から現在に至るまでの雇用のあり方，我が国のセーフティネットの貧困，住宅政策の貧困，「ミドルクラス」を問い直すオルタナティヴな生き方の追求，ホームレスを襲撃する若者の孤独な心理の理解など，多様な学びを含んで展開されるものである。これらの学びには，北村年子（2009）など資料も豊富で，ホームレス問題授業づくりネット作成のDVD『ホームレスと出会う子どもたち』（解説/小中学・高校用モデル学習指導案/関連資料を含むガイドブック付）なども開発され，柏木修や川辺一弘（雑誌『生活指導』明治図書，No.667，683）等による多様な先行実践も積み重ねられてきている。

（2）労働者の権利を学ぶ

　生存権，教育を受ける権利，労働基本権は，基本的人権のなかの社会権に分類される。社会権は，それまでの自由権だけの社会が構造的に貧困を生み出してしまうことに対する批判から，個人の尊厳を守るために獲得されてきた人権であり，20世紀的人権と呼ばれる。

　しかし，学校教育の現状では，社会権も含めて基本的人権を受験知として教える傾向が強く，子どもたちが自らの尊厳を守るための武器である，という位置づけは弱い。その結果，高校生や大学生が，自らの労働に関する権利を知ら

ないまま，アルバイトで違法な働き方をさせられたり，罰金等を不当に天引きされたり，ケガの補償をしてもらえなかったりしても，それが違法であるということに気づかないという状況も珍しくない。将来労働者として社会に出て行く子どもたちが，労働者の権利を無視した働かせ方が横行する現実社会のなかで幸福に生きていくためには，労働者の権利を学ぶことが不可欠であろう。さらに，各自の幸福のためだけではなく，労働権を行使することは国民としての義務であるということも学ばれなければならないだろう。日本国憲法第12条には「憲法が国民に保障する自由及び権利は，国民の不断の努力によって，これを保持しなければならない」とあるが，労働権を放棄してまでも自分ひとりの雇用を優先させることは，まさにミドルクラス精神に通底し，孤立と後ろめたさへの道であるとともに，労働者全体の権利と利益を損なう道でもある。このような問題を意識してか，近年，笹山尚人（2009）や角谷信一（2009）など労働者の権利を具体的に学ぶための教材が多数出版されている。

（3）日常の学びをつくりかえる

　以上のような貧困に直接にかかわる学びだけでなく，教科の日常的な学びも脱貧困の視点から再構成することが必要である。以下，学力と貧困の密接な関連を前提として論を進めていく。

　「学力下位層には基礎・基本の徹底を，学力上位層にはそれに加えて活用型学習を」という教育政策を背景として，習熟度別学習が上位層にも下位層にも役立つかのような言説がある。だが，基礎・基本の徹底という考え方は，知識・認識をどれだけ早く正確に記憶・再生できるかというテストで計測可能な学力観と親和的である。テストで計測可能な学力は脱文脈化されているために無味乾燥であり，我慢して学ぶ努力が求められる。既述のように努力する力自体が格差に影響を受けるため，このような学力観に立つとますます格差を広げてしまうことになる。また，テストで計測されるということは，他者との比較で測られることを意味するため，学力の向上が同時に他者との競争や孤立を意味することになる。

　これに対して，五感を使い，対話しながら学ぶことで，下位層の子どもたち

が最終的に上位層に追いつくほどの学力を形成した実践（橋本，2005）がある。このこの実践が示すように，基礎・基本の徹底ではなく，実感や対話による学びこそ，子どもたちに学ぶ意味と喜びを回復させ，教科内容やその背後に広がる世界への理解を深めることを可能にする。習熟度別ではなく，上位層の子どもと下位層の子ども，形式的な記号操作に陥りがちな子どもと具体的に思考しがちな子どもが，それぞれの考えを出し合い，学び合うことが有効なのだ。このなかで子どもたちは，具体的⇄抽象的，本質⇄現象，生活⇄科学の間を自由に往還する力を獲得するだけではなく，孤立せず自他の存在の価値や連帯の価値も学ぶことができる。

5　脱貧困への進路指導・生活指導

（1）進路指導・キャリア教育を問い直す

　ニートや，パート・アルバイトなどの非正規雇用と貧困とは密接に関連しているが，多くの場合，ニートや非正規労働者，早期離職者側に問題を見いだし，子どもたちに勤労観・職業観を育成して，社会に適応する力を育成することで問題解決しようとするキャリア教育が推進されている。しかし，ここまでの議論から明らかなように，主たる問題は勤労観や職業観や子どもたちの適応する力の側にあるのではなく，正規雇用のイスの少なさや労働者の権利を無視した働かせ方といった社会の側にある。

　少なくとも，進路指導・キャリア教育の実践においては，次のような誤りを克服する必要があるだろう。第一に，正規雇用と非正規雇用での生涯所得の違いの大きさを示して，「非正規雇用にならないようにがんばろう」という実践である。これは子どもたちをイス取りゲームという閉じた競争に駆り立てることであり，子どもたちの幸福の実現にはつながらない。第二に，「自分の将来の夢」を描いてそれに向かって努力する，といった実践にも慎重でなければならない。まず，希望格差社会と言われるように，夢がもちにくくなっている現状がある。このような社会を批判することなく，夢をもてない方が変だというような言説を批判的に見る必要がある。さらに，ミドルクラスを多数派とする

現状では、「自分の夢」が他者の幸福を含んでいない場合が多いことにも留意が必要である。自分の夢が「richになる（あるいはpoorにならない）」「カワイク・カッコヨクなりたい」「楽をしたい」といった動機に基づいていることもある。これらの場合、「私の夢」を一歩超えて、未来を共に生きていく仲間としての「私たちの夢」へと広げていくこと、「richになりたい」「楽をしたい」等から「何が幸福か」に発展させていくこと、といった学びの展開が構想されなければならないだろう。そのなかで、低成長・少子化時代に、いかに幸福に暮らしていくのかといったライフスタイルの構想も検討されてくることになるだろう。

（2）生活指導のあり方

生活指導においては、まず子どもたちの貧困状況を把握して対処するということが必要である。そのためには、教師が子どもたちの貧困をつかむ必要がある。まず、経済的な貧困によって生活そのものが荒廃している子どもの生きづらさを見てみよう。このような子どもたちは、生きづらさを適切に言葉で表現することが苦手であり、暴力も含めた行動として表出することが多い。そうした行動を、困ったものとして矯正・排除しようとするのではなく、言動の裏にあるものをつかみ、他の子どもたちと共に言動の意味を読み開いていくことが必要である。そのような共感的な他者との関係に依拠したときにこそ、行動ではなく言葉で表現できる子どもに育てていくことができる。また、自分の生き残りをかけて孤独に闘っている子どもの生きづらさを視野に入れておくことも重要である。教師は、このようなタイプの子どもに問題を感じないどころか、好ましいと見ることも少なくない。しかしよく観察してみると、ミドルクラスとしての孤独や不安を言動の端々ににじませていることが少なくない。無理をしながら孤独に生きるのではなく、仲間と共に生きていく道をひらいていくことが求められる。

また、経済的・関係的に貧困な家庭の問題に関して、学校でできることとして、次のような取り組みがある。まず親同士が生きづらさを語り、相談し、援助し合える関係をつくり出すことである。家庭の問題に教師が個別に対応する

ことは困難であるし，好ましくもないだろう。親と教師の関係は，子どもを介した一時的な関係であるがゆえに，支え続けられるわけでもない。保護者会を通してつながりをつくったり，子どもの発達課題に応じて個別につながりをつくったりしながら，地域に子育てネットワークをつくることが，親と子どもの貧困を克服することにつながるのだ。次に，関係諸機関との連携をはかることである。家庭の問題で生活と学びが困難になっている子どもに対して，教師が一人で対応するのではなく，児童相談所，民生委員，スクールカウンセラー，スクールソーシャルワーカーらと連携して問題に取り組んでいくことで，子どもと家庭をトータルに支援していくことが可能となる。

　また，近年，「学校から仕事へ」の移行期の困難な状況において，助け合える関係の重要性が指摘されている（乾，2010）。このような関係は，調査を見る限り高校で形成されたものが多いが，高校は偏差値輪切りによって類似した階層が集まる傾向が強いため，「弱者」同士の支え合いになりがちである。しかし，経済的貧困問題を解決する上でも，ミドルクラス問題を解決する上でも，階層を超えたつながりが重要となってきているのではないだろうか。そうだとすれば，このような地域に根ざした仲間関係の構築は，とりわけ中学生までの生活指導における主要な課題の一つとして位置づけ直すことが必要となっていると言えよう。

学習課題

（1）子どもの貧困に関する現状や政策について，国際的にどのような取り組みがなされているか調べてみよう。

（2）自分たちの貧困問題について周囲と話し合ってみよう。たとえば「ミドルクラスとしての孤立と不安について」，「アルバイトの権利をどれぐらい知っているか」等。

（3）学校以外で，家庭や子どもの貧困を支援する制度や機関・施設について調べ，学校や教師がそれらとどのようにかかわることができるか考えてみよう。

（4）階層を超えた子どもの学びと生活の共同をめざした教育実践記録を探し，どのような意義と課題があるか考えてみよう。

参考文献

赤旗社会部「子どもと貧困」取材班『「誰かボクに，食べ物ちょうだい」』新日本出版社，2010年。
阿部彩『子どもの貧困——日本の不公平を考える』岩波新書，2008年。
生田武志『貧困を考えよう』岩波ジュニア新書，2009年。
乾彰夫『"学校から仕事へ"の変容と若者たち——個人化・アイデンティティ・コミュニティ』青木書店，2010年。
岩川直樹・伊田広行編著『貧困と学力』明石書店，2007年。
岩田正美『子どもの貧困』ちくま新書，2007年。
角谷信一『絶対トクする！バイト術！——クイズに挑戦「これだけは知っておきたい」働くルール』きょういくネット，2009年。
川松亮「児童相談所からみる子どもの虐待と貧困——虐待のハイリスク要因としての貧困」浅井春夫・松本伊智朗・湯澤直美編『子どもの貧困』明石書店，2008年
北村年子『「ホームレス」襲撃事件と子どもたち』太郎次郎社エディタス，2009年。
笹山尚人『労働法はぼくらの味方』岩波ジュニア新書，2009年。
渋谷望『ミドルクラスを問い直す——格差社会の盲点』NHK出版生活人新書，2010年。
橋本友子「高まる学力と深まる学力——6年生算数じっくりコース　異質な学力の子どもたちのなかで学力は育つ」梅原利夫・小寺隆幸編著『習熟度別授業で学力は育つか』明石書店，2005年。
松本伊智朗編著『子どもの虐待と貧困』明石書店，2010年。
湯浅誠『反貧困——滑り台社会』岩波新書，2008年。
湯浅誠『どんと来い貧困』理論社，2009年。
湯沢直美・中西新太郎・浅井春夫ほか編『子どもの貧困白書』明石書店，2009年。

（藤井啓之）

第12章　これからの教師教育と教育方法

　本章では，教師教育をめぐる近年の研究動向を手がかりにして，教育方法をどのように学ぶのかを検討します。第一に，教育実践をふりかえる意味を考察します。どのように教育実践の反省を行うのか，ふりかえりから何を学ぶのかを検討することを通して，なぜ実践をふりかえるのかを考えます。第二に，「まなざし」と「発問」といった授業研究の重要用語を再検討することを通して，教育方法を学ぶことはどのようなことなのか，教育方法を学ぶあり方を考えます。

1　教師の成長と教育方法

（1）学生の学びは正解を求めている：学びの起点にどう出会うか

　子どもたちの忘れ物や遅刻にどう対応するのかを，学生と検討したことがある。子どもたちの行動を，その場で叱って終わってしまうのではなく，行動の背景や理由を丹念に子どもに聴いていくことを学生に求めた。遅刻をしたのは，朝起きられなかったからであり，朝起きられなかったのは，夜遅く寝たからであり，夜遅く寝たのは，遅くまでゲームをしていたからとも考えられる。だから，いかに朝早く起きるかが子どもの課題ではなく，どうして夜遅くまでゲームをしてしまったかが問題であり，たとえば，ゲームはいつ始め，それまでは何をしていたか，子どもが自分自身の生活のリズムを毎日調べていくことが課題になっていく。

　そうした子どもの生活の流れをさかのぼる指導のあり方を学生と確認して，具体的に，どういう子どもとのやりとりになるのかというシナリオを学生に考えてきてもらうと，学生はきちんと一つひとつの理由をさかのぼっていく対応を考えてくる。でも，学生が考えてきた対応は，子ども本人が自らの課題に気づいて次の行動を自ら選択していく方法ではなく，教師が原因を探してしまい，

結局最後に「こうしなさい」と指示することに終わってしまうものであることが多い。学生の具体的なアイデアには、「なぜ、さかのぼるのか」を考えてきた形跡はなく、指導の本質は何かという問いを自らもちながら、実践をイメージしようとすることができていなかった。教師自身の生活習慣を誰かが変えることはないと思っているのに、なぜ教師は子どもの生活習慣を直接変えようとするのか。なぜ子ども自身が変わりたいと思うところまで教師が聴くことで、子どもの可能性を発見しようとはしないのか。いつも学生に、私はただただしっかり考えることを要求してしまう。また、学生自身が自らの指導のあり方をふりかえっても言葉にできないこともあり、どうしてそういう方法をとったのかを問うと、学生は言葉に詰まってしまうこともある。学生は多様な方法のなかから自らの方法を選択しているわけではない。

　私のまわりにいる学生は、くそまじめなのだと思う。授業中に「つまらん」と言われたらどう対応するかを考えてもらうと、「他に言うことはある？」「別のことばで言えなかった？」「本当は何が言いたいのですか」「もう一回言ってみて」と、子どもの言葉を真に受けてしまう。「くそじじい、死ね」と子どもに言われたときに、「誰がじじいやねん」と明るくツッコミを入れるという学生も、「何歳くらいからじじいなの？」と素直に聴くという学生もなかにはいるが、多くの学生は「あなたが言いたいことは、そんなことじゃないでしょ」と、自分をクールダウンさせることができないままに子どもに向き合おうとがんばってしまう。子どもの言葉の肌触りを自分自身がどのように感じたのかに自覚的でなかったり、子どもが言いたかったことは別にあるとは知っていながらも、どうしてそういう言い方になってしまうのかに思いを馳せられなかったり、子どもとの関係に余裕を見失ってしまうのである。

　「もう一回言ってみて」という言葉の肌触りが、子どもを黙らせていく。教師の言葉の調子や勢いが子どもにどのように伝わっているかという点には気づいてほしいと私は学生に指摘しつつ、「真に受けるのは、なぜなのか」をていねいに聴いていくと、「言葉に本気だから」とおずおずと差しだしてくる学生に出会った。彼女は、言葉を発している人だけでなく、言葉そのものを見ていきたいという。これまで彼女は思いを言葉にできないはがゆさゆえ、言葉を発

したり，選んだり，伝えたりすることをやめてしまうことがあった。「子どもにどう向き合っているのか」を学生に素直に聴くことができたとき，彼ら自身の学びの起点が見えてくる。教育方法に正解を求める学び方を克服して，教師自身が学びにどう出会うのかが，これからの教師教育に求められている。

(2) 研究授業から授業研究へ

　授業研究は，日々の授業を大切にし，目の前の子どもに責任を負うという意味で，研究が実践であり，実践が研究であるとされてきた。授業研究は，少数の教師による特殊な実践や研究ではなく，すべての教師が一歩ずつ前進することを願ったものである。ある特定の人たちが研究したことを公開し，それを普及していく「上から」の啓蒙活動としての「研究授業」に対して，「授業研究」は，誰もが日常的に行ってきている授業そのものを研究対象にすることで，日常の授業の課題と見通しを検討する場として，誰もが参加できる「下から」の研究運動として展開されてきたのである。

　　研究授業には，ある特定の人が授業を行い，それを『見せる』ものといった意味合いが強かった。これに対して授業研究には，現実の，日常の授業をみんなで『見合い』，それを検討し合ってよりよい授業をつくりだすための諸要因や諸法則を具体的に明らかにしようという志向や願いが込められている。
　　ある特定の『研究的な』授業をするというのではなくて，『みんなで授業を』行って研究しよう，ということへの転換があるのだ，と考えてもよかろう。
　　つまり，研究授業ではなくて，授業研究というよび方がひろく定着するようになってきた背後には，授業というものを『名人芸』的なものにするのではなくて，だれもが，いつでも『教える』ことのプロとしての授業の力量を高めなければならない，という意図や願いが存在しているのである。

　　　　　　　　　　　　　　　　　　　　　　　（白石・湯浅編，2006：179）

　授業という日常的な営みを共通の話題にし，目の前の授業と子どもを語り始めることが，授業研究の始まりである。授業の事実を共通に確認しながら語り合うことは，教師を研究的実践者として位置づけようとするものである。日常

の授業を実践する教師こそが、教育実践を問い続ける研究者なのである。あるスタイルに安住したり、マニュアルを鵜呑みにしたりすることが、教師の学びではない。教育の方法は、同僚に支えられ、子どもに教えられて、たえず問い直されてきたものである。教育方法は一義的で固定的な正解があるわけではないという点に、注意が必要である。本章では、教育実習で行う「反省」という営みを手がかりに、教育実践からどのように学ぶのか、教育方法をどのように改善していくのかを検討してみよう。

2　教師教育における「反省」概念
──何のために反省は行われるのか

（1）課題発見としての「反省」：生涯発達の出発点としての「研究実習」

　教育実習において、なぜ反省は行われるのか。それは、教育実習に参加する学生が、自分自身が取り組んでいく課題を発見するために行われる。教育実習は、大学の講義や演習で学んだ専門的知識や技術を、教育実践の場に適用する機会ではない。自分自身にとって教育実践とは何であったか、子どもたちにとって自分はどのような存在であったのか。教育実習は、自己の教育実践のなかに潜んでいた問題点を明らかにすることによって、これから学び続ける課題を発見する機会である。大学における教育実習は、「完成実習」という位置づけから「研究実習」へと、その性格が転換されている。こうした捉え方の背景には、教育職員養成審議会第一次答申「新たな時代に向けた教員養成の改善方策について」（1997年）で強調された、教師の生涯発達という考え方がある。教育実習の反省は、学び続ける教師の最初の一歩なのである。

　では、教育実習に参加した学生が、これから学び続ける課題を発見できるようになるには、何が必要とされているのだろうか。ここで指摘されているのは、自己の教育実践のなかに潜んでいた問題点が明らかになるきっかけが、子どもたちからだけでなく、実習校や大学の教員、あるいは、他の実習生から得られる指導助言や反応からにもあるという点である。こうした実習におけるコーチングのあり方に着目がなされているのは、ただ単に実践的な知識や思考を実習

生が具体的に理解できるからではない。これまで実習生が身につけてきた「教える＝教えられる」という教育の関係性を転換することが志向されているからである。自己のふりかえりは，他者とのコミュニケーションのありように左右されているのである。

　教育実習では，こうした関係性の転換が促されているかどうかに注意が向けられなければならない。たとえば，教育実習で自ら学ぶ場は，研究授業だけにあるのではない。自分の授業を指導教員に参観してもらうことだけが，教育実習ではない。教育実習に参加している学生が直面した事例から，指導教員や大学教員，他の実習生がどのように学んでいるのか，他の学生が直面した事例に自分はどう応答し考えたのか。実習授業の事後検討会や教育実習の反省会で展開されている学びも，教育実習なのである。また，教育実習においては，指導教員自らの授業実践を通して自己教育のプロセスを開示するといった，教育実習生が自らの課題を発見していくためのモデリング機能が重視されている。教育実習に参加している学生は，指導教員がどのように自分自身の教育実践を省察するのかを学ぶとともに，目の前で展開された指導教員の実践には，指導教員のどのような学びがあったのか，教育実践の形成過程や構造を学びとらなければならない。

（2）教育実践力の形成としての共同分析：「反省」から「省察」へ

　教育実践の経験が少ない教育実習生は，新しい問題に直面すると，頭が真っ白になってしまい，判断停止状態に陥ってしまうことが多い。どうしていいかわからなくなり，子どもが見えなくなってしまう。教育実践の過程でどれだけ適切な判断をし，行動をとることができるのか，教師の実践的指導力が問われてくる。「行動過程における反省的考察」が，教師の思考と行動の形態として重要とされているのである。しかし，個々の教師が瞬時に行っている「行動過程における反省的考察」を直接取り上げて，実践的指導力を形成していくことは困難である。したがって，教育実践後に行う「行動についての反省的考察」を充実させることが必要となる。自らの教育実践力を自己形成していくためには，自他の教育実践を考察・評価していくことに工夫が求められるのである[*]。

＊たとえば，話線分析は，子どもの発言の回数を量的に捉えるだけでなく，誰がどのように発言しているかに着目して，発言と発言がどのような線でつながっているのかという授業のコミュニケーション構造を捉え，全員参加を保障しようとするものである。こうした分析視点は，同時に実践指針でもあり，授業改善へのフィードバックが強く意識されている。

　こうした視点から，自らの実践を記録・考察するためのワークシートがすでに開発されている。たとえば，次のようにワークシートを作成するものがある。

　① 教育実習のなかで最も印象に残っている場面・出来事・エピソード（驚いたり，感動したり，困惑したり，悩んだりしたこと）を一つだけ選択する。「授業のなかで」と「学校生活のなかで」といった２種類の場面に分けて考えることができる。

　② 実践の記録や日誌を読みながら，場面・出来事・事実・エピソードを，子どもとのやりとりのあるプロセスとして，具体的によく思い出す。

　③ 思い出したプロセスを以下の項目と時系列に分けて記述する。まず，「子ども・学級の具体的な様子や言動」と「あなたがとった言動」を時系列に整理し，はたらきかけのベクトルを示す矢印を加えて，子どもたちとやりとりを書く。次に，「その時とったあなたの思考・判断」を思い出して，書き加える。思考・判断は，子どもの様子や言動→自分の思考・判断→自分のとった言動という一方向ばかりではないことに注意する。

　④ ワークシートを作成するなかで，学んだこと・感じたこと・思ったことを書く。

　なお，こうした自らの教育実践をふりかえる工夫は，個々の教育実習生が自らの教育実践を個別に検討するために開発されたのではない。実習授業の事後検討会や教育実習の反省会において，教育実習生の実践検討を共同的な営みにするために位置づけられている。教育実践のプロセスにおいて，目に見える実践者の行動と行動の間でどのような子ども理解や実践状況の把握・判断が行われているのか，その点を事後検討会や反省会の参加者が共通に意識するとともに，上手くいった理由や上手くいかなかった実践構造を多角的に考察するのである。

実習授業の事後検討会や教育実習の反省会は，自分の失敗を悔いる反省文を発表する場でも，「こうすればよかった」という対応策を述べ合う場でもない。参観者が指導案どおりに授業実践ができたかどうかをチェックシートで点検し，その実践の上手下手を評価する場でもない。授業を参加者が共同で検討するのは，教師の工夫を列挙してたんに分類整理するためでも，教育技術のノウハウを蓄積するためでもないのである。そうではなくて，実践者にとって教育実践がどのような意味をもっているのかを分析し合うことを志向しなければならない。授業のなかの子どもの事実を起点としながら，教育実践を成立させ発展的につくりだす見通しと実践構造をいかに確立していくかという点に，教育方法の知のあり方がある。

（3）質的発展としての社会的実践：「省察」から「熟考」へ
　教育実習の事後指導より事前指導が重視される背景には，大学では教科内容と授業方法に関する知識を与え，あとはそれを各教育実習生が教育実習のなかで応用させるという養成教育観があると言われてきた。こうした教師像を批判し，反省的実践家としての教師という新たな教師像が提案された。ショーンが反省的実践家という専門家像の転換で指摘しているのは，一般的な原理を個別具体的な問題に対して適用するという実践構造の問題であり，現実との課題から遊離している専門家の活動を組織的に改革するためのあり方である。ショーンが示した「反省的実践家」は，教師個人の専門的力量とは何かを検討するときというよりも，専門的力量の形成のあり方を検討するときに参考となるのである。
　教員養成教育では，大学での一方通行的な講義のあり方が学生の教育観・授業観を形成しているのではないかという指摘はすでになされてきた。教員養成教育の改革は，カリキュラムだけでなく，学生の学びの履歴の問題であり，大学教員と学生の質的関係の発展をどのように生じさせていくのかという点が問われているのである。
　また，教育実習における指導教員との反省に対しては，教育実習生の授業に対する省察を支えたり，励ましたりする，一種のコーチングとして位置づけら

れるスーパービジョンや，経験を積んだ指導教員が新参の教育実習生の自立を見守り援助するメンタリングといった機能が求められている。しかし，こうした機能の重視に対して，学校やカリキュラムに対するマクロな視点をもつこともなく，無自覚なままに教育実習といった学校経験を積み重ねることは，教育実習の社会的認識や学校への批判的な意識を無力化する役割を担うのではないかとも指摘されている。

　教育実習における省察の内容が，教授技術や学級経営という問題に限定され，授業の目的やカリキュラムへの吟味が見落とされているのではないか。教育実習生自らの授業への省察は，授業と子どもへ焦点が当てられ，そうした授業が行われている社会や制度の文脈が抜け落ちているのではないか。教室のなかでの仕事に影響を与える学校の社会的条件が無視されているのではないか。あるいは，省察プログラムの多くは個人の省察を奨励する方向にあり，教師集団のネットワークが教師それぞれの成長をサポートしているという視点が欠落しているのではないか。ここには，教師はいかにあるべきかという規範からアプローチするのではなく，教師自身にとって省察はどのような意味があるのかを問う教師存在への接近がある。

　日本教育大学協会による「教員養成『モデル・コア・カリキュラム』の検討」における新しい教員養成カリキュラムの構想をはじめ，実地に学ぶ事例研究を充実させ，教育実践の場に反省的思考能力と教育実践研究能力を高めるように，教員養成教育カリキュラムの改革が提唱されてきた。ここで課題になっているのは，単に現場でのon-job-trainingを重視することではない。明日からでも通用する教育の技術をたくさん体験することが奨励されているわけではない。現場が直面している問題と教員養成が結びつかないか。大学が地域と共生して地域貢献しつつ，教師の力量を形成することができないか。現場を重視することが，むしろ，地域や学校を改革していくプロジェクトとして成り立っているのかが問われている。現職教育においても，個人への対応ではなく，学校ぐるみを視野に入れた力量形成が求められているが，教師の学びそのものにも，自らの専門性の捉え直しにとどまらず，学び手である教師自身が，学校を変えていくという教育実践の展望をもてるかどうかが問われている。

3 教育方法を学ぶということ

(1) 教師は子どもの事実から学び、キーワードを生み出している

　教師は，自己の教育実践のふりかえりを通して，授業研究や生活指導の重要用語をキーワードとしてもつ。キーワードは，教育実践の事実が見えてくる装置であり，教育実践をつくり出す仕掛けである。研究者が用いる用語をただ単に実践に当てはめる姿勢を示したものではない。たえず子どもの事実から学びながら，用語がもつ意味や用語そのものをつくりかえていくことが，自らの教育実践にキーワードをもつということである。

　たとえば，子どもが落ち着かない，立ち歩きするといった場合で考えてみよう。落ち着かない子どもが，テレビを見る時間やゲームをする時間を減らし，睡眠と朝食をしっかりととると落ち着いてくることがある。この場合は，子どもの行動の背景に，長時間のテレビ視聴やゲームによる疲労のサインがある。あるいは，関係の結び直しとしての試しの行動にしっかりと対応していけば，落ち着いてくることがある。この場合は，子どもの行動には教師の応答を信頼しているというサインがある。発達障がいの場合は，そうした行動の背景や意味を捉えるだけでなく，一つ一つ言わないとできない子どもという子どもの見方を，一つ一つ言えばできる子どもと捉え直したり，子どもが教室を出ていくことばかりに目を奪われるのではなく，教室に帰ってくることだけに目を向けたり，子どもにわからせようとして躍起になって言い直すのではなく，口数を減らし本人がわかる情報を伝えているかどうかに注意を向けたりすることが重要となってくる。教師自身が自らのまなざしを捉え直すことで，子どもの困り感や生きづらさが理解されてくるのである。

　多くの教師の悩みは，子どもや家族自身が困っていることではない。離席や落とし物の多さで困っているのは教師の方であり，子ども自身ではない。子どもや保護者に寄り添うには，教師自身が自らの悩みから自由になれるしくみや支えをもたなくてはならない。子どもに支えが必要なように，教師にも支えが必要なのである。教師自身が，自己と出会い，他者と出会う学びが，「まなざ

し」というキーワードに込められている。

　教師自身が悩みや困難に出会ったとき，子どもや保護者に責任を押し付けてしまうのではなく，子どもの事実に目をそらさずに，教師自身が非暴力を貫こうとするところに，実践をきりひらくことばは生まれてくる。教師がもつ実践のキーワードは，子どもと向き合い続けてきた証でもある。では，今一度，「まなざし」という授業研究の重要用語を検討してみよう。

（2）まなざしは，教師と子どもの関係を支えるしくみである

　新任教師から，学級で困っているという相談を受けることがある。子どもが言うことを聞かないから，教室に立たせる。何か悪いことをしたから，廊下に正座させる。また，そうした体罰という暴力行為ではないにしても，子どもが言うことを聞かないからといって躍起になってしまう自分の弱さを，彼女らはさらけだす。彼女らの話を聴いていくと，「自分が甘やかしているから，○○くんがジッとできないと，まわりの先生に思われているのでは……」と，教師も自分自身を責めていることが多いことに気づく。比較や競争という暴力的関係に，いつのまにか教師自身が巻き込まれてしまう点には注意が必要である。教師は，常に評価の目に晒されている。

　教師は子どもを，対象として観察・分析するのではなく，彼らの立場に立ちながら，応答関係を成立させていかなくてはならない。しかし，まなざしは，子どもとのたんなるじゃれあいでも，リラックスの方法でもない。子どもとの結びつきを大切にしようとするだけでは，教師はやがて教師らしさを出せないでいる自分に気づくだけで終わってしまう。子どもの拒否は，自由の表明であると同時に，一面では不自由の表明でもある。この教師はわかってくれる，受けとめてくれるという子どもの安心感は，子どもの内面の闘かいに参加しなければ生まれてこないと指摘されてきた。子どもは教師からの応答を求めて学校にやってくる。

　重要なのは，まなざしは心がけではないという点である。「子どもが立ち歩いて困る」という教師が，実はウロウロと歩きながら，説明や発問をする。「子どもが私語をして困る」という教師が，子どもの作業や話し合いの最中に

勝手にしゃべり出す。坂本泰造は，教卓の後ろの中央に直径30センチほどの円を書き，そこから発問をしっかりと子どもたちに投げかけるようにしたという。マカレンコは，「ここへいらっしゃい」ということを20の色合いをつけて言えたとき，子どもとの関係に脅えなくなったと言っている。子どもの荒れが問題にされるとき，それはその子の生育史に解消されてはならない。そうではなく，同時代の社会の荒廃が問われているのであり，教師の内面の荒れが試されてくる。

　たとえば，授業を5分前に終了するように構成してみるという手立てがある。45分間の授業を40分間で終えるように組み立てる。時間に追われるように授業を進めていると，ついつい「いいかげんにしなさい！」とか「そんなこと知らない，自分でやりなさい」などと声を荒げてしまうからである。五分間の余裕があれば，子どもたちのトラブルや想定外のできごとに直面しても，落ち着いて柔らかい言葉で対応できるはずだというのである。時間的余裕が「子どもなのだからしかたない。大目に見てあげよう」といった気持ちを生み出してくる。授業が重苦しくなり，苛立ちばかり残ってしまう日常を転換する方法が，ここにはある。

　あるいは，ある教師は，「放課後，教卓のところに座り，子どものいない机に一つひとつ目を落としては，今日この子はどうしていたか，今日自分はこの子に何をしてやれたかを考えてみなさい」と教えられたという。ノートのページの端に子どもたちの名簿を貼り付け，その横に今日のその子の様子や気づいたことを毎日書き込んでいくという方法で，同様のことに取り組んだ人もいる。すると，この子は今日一日どこでどうしていたのか，皆目思い出せない子どもが一人や二人は必ずいてしまう。だから，これまで見過ごしていたその子ならではの良さや健気さ，弱さや悲しみといったものが感じられてくる。そして，自分自身は何が問題か，どこをどうすればよいかも見えてくる。

　こうした教師と子どもの関係を支えるしくみが，「まなざし」である。

　教師が話すことに夢中になり，口から泡を飛ばして力説しても，子どもたちはもううんざりしているということがある。教師の話すスピードが早くて，子どもたちはうわの空になっていることもある。子どもの表情が見えていれば，

自分の話が子どもにどう受けとめられているかという点を，少しは感じ取ることができる。でも，ゆっくり話そうと努力をしてみても，なかなかうまくいかないことがある。

　もともと早口で話す人が，ゆっくり嚙みしめるように丁寧に話そうと努力しても，長続きしないことがある。立て板に水のごとく流暢に話すのをやめて，時折，間を取ろうと努力しても，その努力が持続しないことがある。しかし，話しながら自分の声を聴こうとすると，ゆっくりていねいに話す必要が生まれてくる。話しながら，今語ったばかりの自分のことばを短くまとめようとすると，間をとって話す必要が生まれてくる。子どもに聴こえている自分の声を聴きたい，子どもが受けとった自分のことばを確かめたい。相手の立場に立とうとする意志が，聴き手にとって聴きやすい話し方を生み出してくるのである。教育の方法は，ガムシャラに努力することで身に付くものではない。子どもたちの目線から努力するポイントを見極め，つねに子どもとの関係を検討する必要がある。

　なんとか子どもたちに伝えようとしてくどくど話してしまう。自分を見失ってしゃべりすぎてしまう。教師がことばを減らす努力をしても，ただ話したいことを我慢するだけに陥ってしまう。しかし，子どもの発言の内容だけでなく，子どもの発言の重みや肌触りまで聴こうとするとき，教師のことばが生きてくる。子どもとの関係のなかで，教師が話すという行為を理解しようとするとき，教師の話し方が子どもに支えられて形成されてくるしくみを教師はもつことができる。繰り返し指摘することになるが，まなざしは，こころがけを示した標語でなく，教育実践の構造や子どもとの関係の理解をたえず深めることによって，内容や意味がつくりかえられていくキーワードなのである。

（3）発問は，子どもへの応答である

　教育の方法は，子どもとの関係のなかで構想される。一義的で一方的な，教師から子どもへのはたらきかけではない。教育の方法は，ハウツーでもない。たとえば，発問とは，教師が子どもたちに発する疑問文ではない。発問とは，疑問文という形式ではなく，子どもが問いを発する機能である。たとえば，次

のような事例がある。長くなるが引用してみよう（石井，2010:48-53）。

45−18の筆算の場面である。黒板の前にいた一人の子どもがクラスのみんなに，板書している引き算をどう計算したかを説明している。

「一の位から8から5を引いて3。十の位の4から1を引いて3。答えは，33です」

この計算は，繰り下がりを必要とする計算である。繰り下がるという方法を知らない子どもは，引かれる数引く数に関係なく，大きい数から小さい数を引いてしまうことがある。

担任の教師は，子どもの説明をにこやかに受けとめ「どう？」と，クラスの子どもたちに問いかける。すると，何人かの子どもから「いいです」という返事が返ってくる。しかし，教師は，性急にわからせようとせず，おだやかに次のように子どもたちに語りかける。

「もう一人，幸代さんが，タイルを使って考えています。それを幸代さんに説明してもらいましょう」

名前を呼ばれた子どもが位取りのボードと計算タイルを持って前に出る。幸代さんは，先生に持ってもらったボードに10の棒タイルを4本，十の位に置く。そして次に，1のタイルを5個，一の位に置くのである。

「じゃあ，ここからタイルで引き算をしてもらうからね。みんなよく見ていてね」

幸代さんは，教師に促されて，10の棒タイルを1本取る。しかし，次に，1のバラタイルを2個取った。そして，「できた！」という表情をしたのである。教師が手にしているボードには，10の棒タイルが3本，1のバラタイルが3個残っている。だから，答えは「33」ということになる。どうやら，幸代さんは，「33」が答えだという意識が先にあって，その答えになるようにタイルを取ったようである。

けれども，教師は，あわてることなく，何も言わずにおだやかな表情で子どもたちを見つめている。しばらく間があって，やがて後ろに座っている一人の子どもが，「幸代さん，18引いていないんじゃない？」と，ぽつりとつぶやいた。すると，それを受けて，教師はさぞ驚いたかのようにこう言ったのだ。

「へぇーっ。そうかなあ。幸代さん，ちょっと手の中にあるタイルをみんなに見せてあげて。18引いてあるかどうか」

こうして子どもたちの前にひらかれた幸代さんの手のひらに握られていたタイルが，10のタイル1本と1のタイル2個，つまり数字で表せば12しかないことが明らかになる。幸代さんは，18引いていなかったのである。そして，ボードの上に残ったタイルは，33。少しの沈黙。やがて，何人かの子どもが口々に声を出してくる。「先生，じゃあ，答えの33は間違っているということじゃないの？」

この後，子どもたちは幸代さんと同じように，タイルを並べて，18引くことに挑戦している。でも，5個しかバラタイルはない。どうしても8個は引けない。そんな中から，「先生，この10のタイルって，両替できないの？」という声が飛び出したというのである。

ただ，計算の仕方を伝えるのではなく，子どもの思考を引き出し子どもの発見を促す教師の聴き方が，この事例にはある。どの子どもを指名していくかという机間指導における子どものみとりと，子どものつぶやきを具体物にもどすという授業の組み立て方が，子どもの問いを導いているのである。子どもが対象にどうかかわっているのか，教材と子どもの関係が教師に見えているかどうかが重要となる。

これまで発問は，たとえば，限定発問，類比発問，否定発問と分類されてきた。しかし，ただ，教師が問いを限定する，問いたいことを比べる，子どもの答えを否定する，という発問のつくり方が重要なのではない。限定発問は，子どもが対象を漠然と捉えていることが教師に見えないと形づくられないし，否定発問は，子どもの思考が狭かったり先入観があったりすることが教師に見えないと形づくられない。類比発問は，子どもがどう考えていいかわからない状態であることが教師に見えなければ形づくられない。発問は，子どもの思考活動への応答である。だから，教師は，絶えず子どもと共に教材解釈を深め，授業をつくらなくてはならないのである。発問を学ぶということは，教師が使った言葉の良し悪しを学ぶことではない。教師が子どもの思考をどう把握しているか，子どもと教材の関係をどう理解していたかを学ぶのである。教育方法を

改善できる教師であるためには，たえず子どもの事実から出発しなければならないのである。

> **学習課題**
> （1） 授業を共同で検討するためには，どのように授業をふりかえるか。反省会の進め方ではなく，反省会をする意味をまとめてみよう。
> （2） 「発問」という用語を，教師が子どもをみとるという点から捉え直したように，「○○さんの意見に付け加えます」とか「私は△△と思いますが，どうですか」といった発言形式を捉え直してみよう。そのさい，子どもと子どもの関係から，発言をつなごうとする子どもの志向性を想像してみよう。
> （3） これまで蓄積されてきた授業研究の重要用語から，自分にとって気になる用語を取り上げ，その用語がなぜ自分にとって重要なのかを具体的に説明してみよう。

参考文献

秋田喜代美「教師教育における『省察』概念の展開」森田尚人ほか編『教育学年報5 教育と市場』世織書房，1996年。

阿部好策「コミュニケーションの原点としてのまなざし」吉本均編著『新・教授学のすすめ——「まなざしで」身に語りかける』明治図書，1989年。

石井順治『教師の話し方・聴き方——ことばが届く，つながりが生まれる』ぎょうせい，2010年。

岩垣攝・子安潤・久田敏彦『教室で教えるということ』八千代出版，2010年。

佐藤学『教師花伝書』小学館，2009年。

白石陽一・湯浅恭正編『学級の教育力を生かす吉本均著作選集5 現代教授学の課題と授業研究』明治図書，2006年。

住野好久「反省的実践と授業研究」有吉英樹・長澤憲保編著『教育実習の新たな展開』ミネルヴァ書房，2001年。

竹内元「教員養成教育における『反省』概念の検討」『宮崎大学教育文化学部附属教育実践総合センター研究紀要』第12号，2004年。

奈須正裕『教師という仕事と授業技術』ぎょうせい，2006年。

（竹内　元）

人名索引

ア行
安彦忠彦　90
イリッチ，I.　145
ヴィゴツキー，L. S.　16,17,144
太田堯　66
小川嘉憲　45,47
オング，W.　144

カ行
カント，I.　15
コメニウス，J. A.　146
近藤真　149-150
近藤益雄　131

サ行
斎藤喜博　69,84
坂本泰造　179
佐藤学　67
スキナー，B. F.　145
鈴木和夫　47
鈴木義昭　84

タ行
高垣忠一郎　87
田中耕治　89

デューイ，J.　17
東井義雄　17

ナ・ハ行
中野和光　148
ノディングス，N.　113
ハーシュ，E. D.　28
ピアジェ，J.　16
久田敏彦　85
深澤広明　86
ブルーム，B. S.　83
フレイレ，P.　23-26,28
ヘルバルト，J. F.　15,69

マ行
マカレンコ，A. C.　18,179
マクルーハン，H. M.　143-147,152
宮坂哲文　110
森毅　80

ヤ・ラ行
吉本均　63,84,109
ルイス，C. C.　116,117
ルソー，J. -J.　94
ルリヤ，A. R.　144

事項索引

A-Z
ADHD　124,127
CAI　146
e-Learning　147
ICT　51,141
OECD　20,41,156,157
PISA　91,158
PISA型学力（リテラシー）　3,20,21,22

PISA調査　20,41,109
Web2.0　140-141

ア行
アスペルガー障害　124,126
アンラーン　30,129
生きづらさ　166
生きる力　12,14,36
意識化　24,25,26

事項索引

イス取りゲーム　161
一斉学習　73
一斉指導　130
居場所　129
意味　32
インクルージョン　122,123,131
越境　29
『エミール』　94,98
応答行為　63
応答的コミュニケーション　60
教えること　7

カ行
貝塚養護学校　124
概念地図　89
かかわり合い　52,108,120,121
学習観の転換　88
学習規律　61
学習形態　73,75
　――の交互転換　74,75-77
学習権　27
学習指導　2
学習指導案　63
学習指導要領　3,36,37
『学習指導要領（試案）一般編』　38
学習者（集団）研究　56
学習集団　62,109
学習主体　61,71
学習障害　124
学力格差　159
学力テスト　158
課題提起型教育　24
学級課題　61
学級経営　2,14,109
学級指導　108
学級づくり　60
学級内クラブ　129
学級崩壊　2,12
学校嫌い　133
学校的価値　133
活用の学力　21
悲しみの経験　104,105

可能性の言語　26
キー・コンピテンシー　12,21,22
技術的実践　72-73
傷つきやすさ（vulnerability）　104
基礎集団　128
既知既習　59
機能的リテラシー　23
虐待　159,160
教育課程　3
教育自治　137
教育実習　172
教育的タクト　62,69
教育を受ける権利　97
境界　29
共感的自己肯定感　75
教材研究　56
教師中心主義　9
教師の知　56
教師の話し方　180
共生する学校づくり　134
銀行型教育　24
勤労観　165
ケア　113,131
経済協力開発機構　→OECD
形成的評価　83
系統学習　5,12,16
研究授業　171
言説　29
現代的・人類的課題　21
合意　134
構成主義　88
肯定的評価　85
幸福追求権　97
国際学力調査　41
個人構成的な学び　13
個人内評価　81
個性重視の原則　6
子ども感　58
子どもの教材解釈　70
子どもの権利条約　27
子どもの生活から学びをつくる　44
個別学習　73

185

ごまかし勉強　65-67
コミュニケーション能力　59

サ行
差異　23,32
　　──の政治　28
サマランカ宣言　122
支援ネットワーク　136
思考・判断・表現力　14
自己肯定感　161
　　──の低下　86
自己責任　160
自己評価　82
自己表現　112
自尊感情　52
自治集団　128
自治的集団　111
実践記録　106
児童相談所　167
児童中心主義　11
指導的評価活動　75,84
指導と評価の一体化　82
「自分くずし」と「自分つくり」　99
市民性育成　137
社会化機能　42
社会構成的な学び　14
社会参加　20,27
習熟度別学習　22,164
集団過程　4
習得・活用・探究　14
授業規律　109
授業研究　171
授業指導　108
授業づくり　60
授業展開　52
受容　85
受容と要求　84
小集団学習　73
小集団効果　73-75
職業観　165
新教育運動　94
新自由主義的な教育改革　36,37,43

診断的評価　83
親密な関係性の場　110
スクールカウンセラー　167
スクールソーシャルワーカー　167
ストップ発言　71,
生活指導　111,112,125,126,131
　　──論　1
生活指導教師　132
生存権　97
正答主義　65-67,74
絶対評価　81
ゼロ・トレランス　95
総括的評価　83
総合的な学習の時間・総合学習　36,45
相互評価　82
相対的貧困率　156
相対評価　81
素材　56

タ行
対話　24,26
タクト　69
多国籍企業化（経済のグローバル化）　37,42
他者評価　82
多様なものの見方,考え方　53
知識基盤社会　109
知的飢餓感　54
注意欠陥多動性障害　→ADHD
詰め込み教育　6,9
出会い直し　101,103,105
ティーチングマシン　146
抵抗　32
問い　54
問いかけ　55
問と答との間　66,77
当事者　28
同調圧力　136
陶冶と訓育　15
同僚教師　134
同僚性　153
特色ある学校づくり　36
特色ある教育　36

特別支援教育コーディネーター　132
特別なルール　130

ナ行
日本的雇用システム　42
認識過程　4
認定評価　81
値うちづけ　82
能力主義　87
ノート　149,151

ハ行
配分機能　42
発達要求　135
発問　180
　限定——　182
　否定——　182
　類比——　182
パニック　127
早寝・早起き・朝ごはん　137
反省的実践　72-73
反省的実践家　175
非行　160
批判的リテラシー　23,28,29,30,31
批判の言語　26
評価主体　89
評価の二重方式　75,76
評価不能型教員　84
開かれた学び　51
貧困　43,45
振り返り　55
フレーム問題　146,147
文化的リテラシー　28
ペルセポリス宣言　23
偏差値　81

ポートフォリオ　89
ホームルーム　110
ホームレス　163
褒める　85
ポリティクス　132

マ行
マイノリティ　136
まなざし　178
学びからの逃走　67
学ぶこと　7
ミドルクラス　162,163
メディア　142
目標に準拠した評価　81
物語が葛藤する場　31
物語の構築・再構築　32
物語の知　32
モンスターペアレント　135
問題解決学習　5,12,16
問答・対話・討論・追求　62

ヤ行
ゆとり教育　6,11
ユネスコ　23,27
要求と尊敬の弁証法　18
横軸と縦軸で子どもを観る　100

ラ・ワ行
リベラル・アーツ　115
臨時教育審議会（臨教審）　3,37
　——答申　4,12
労働者の権利　164
わからない・できない　58
話線分析　174

執筆者紹介（執筆順，執筆担当）

山下 政俊（やました・まさとし，元島根大学教育学部）編者，第1章
黒谷 和志（くろたに・かずし，北海道教育大学旭川校）第2章
高橋 英児（たかはし・えいじ，山梨大学教育人間科学部）第3章
権藤 誠剛（ごんどう・せいごう，島根大学教育学部附属教師教育研究センター）
　　　　　第4章
吉田 茂孝（よしだ・しげたか，大阪教育大学）第5章
髙木　啓（たかき・あきら，千葉大学教育学部）第6章
福田 敦志（ふくだ・あつし，大阪教育大学）第7章
山岸 知幸（やまぎし・ともゆき，香川大学教育学部附属教育実践総合センター）
　　　　　第8章
湯浅 恭正（ゆあさ・たかまさ，大阪市立大学大学院文学研究科）編者，第9章
上森 さくら（うえもり・さくら，大阪市立大学大学院文学研究科）第9章
宮原 順寛（みやはら・のりひろ，北海道教育大学大学院教育学研究科）第10章
藤井 啓之（ふじい・ひろゆき，愛知教育大学）第11章
竹内　元（たけうち・げん，宮崎大学大学院教育学研究科）第12章

	シリーズ 現代の教職　4
	新しい時代の 教育の方法

2012年2月10日　初版第1刷発行	〈検印省略〉
2015年2月20日　初版第2刷発行	
	定価はカバーに
	表示しています

編著者	山　下　政　俊
	湯　浅　恭　正
発行者	杉　田　啓　三
印刷者	藤　森　英　夫

発行所　株式会社　ミネルヴァ書房

607-8494　京都市山科区日ノ岡堤谷町1
電話(075)581-5191／振替01020-0-8076

Ⓒ山下・湯浅他, 2012　　亜細亜印刷・藤沢製本

ISBN978-4-623-06165-5

Printed in Japan

教職をめざす人のための 教育用語・法規

――――広岡義之編

190あまりの人名と、最新の教育時事用語もふくめた約860の項目をコンパクトにわかりやすく解説。教員採用試験に頻出の法令など、役立つ資料も掲載した。

四六判　312頁　本体2000円

教職論［第2版］――教員を志すすべてのひとへ

――――教職問題研究会編

「教職の意義等に関する科目」の教科書。教職と教職をめぐる組織・制度・環境を体系立ててわかりやすく解説した、教職志望者および現場教員にも必読の一冊。

A5判　256頁　本体2400円

教職論ハンドブック

――――山口健二・髙瀬　淳編著

教職課程「教職の意義等にかんする科目」（教職論）の教科書。新法制・新学習指導要領対応。教員をめぐる制度や環境を理解し、学校現場での基礎的な知識・考え方を身につける。これからの教育現場で必要不可欠のESDについても解説。

B5判　160頁　本体2400円

これからの学校教育と教師――「失敗」から学ぶ教師論入門

――――佐々木司・三山　緑編著

教職「教育原理」「教職の意義等にかんする科目」向けの入門書。各章末で、現在教壇に立つ現場教員の「失敗・挫折」を扱ったエピソードを紹介、本文と合わせて、そこから「何を学ぶのか」、わかりやすく解説する。

A5判　190頁　本体2200円

特別支援教育のための 子ども理解と授業づくり――豊かな授業を創造するための50の視点

――――湯浅恭正・新井英靖・吉田茂孝編著

特別なニーズのある子どもたちにも理解できる授業をつくるにはどのような考え方で臨むことが重要か。具体的な授業や子どもたちの様子を交えた「教材づくり」「授業展開」のヒントが満載の一冊。

B5判　176頁　本体2400円

―― ミネルヴァ書房 ――

http://www.minervashobo.co.jp